HEYNE <

Don Miguel Ruiz

Die vier Versprechen

Ein Weg zur Freiheit
und Würde des Menschen

Aus dem Amerikanischen
von Angelika Hansen

WILHELM HEYNE VERLAG
MÜNCHEN

HEYNE ESOTERISCHES WISSEN

Herausgegeben von Michael Görden
13/9932

Die Originalausgabe erschien unter dem Titel
THE FOUR AGREEMENTS – A Toltec Wisdom Book.
A Personal Guide to Personal Freedom
bei Amber-Allen Publishing, San Rafael, CA

Umwelthinweis:
Dieses Buch wurde auf
chlor- und säurefreiem Papier gedruckt.

Taschenbucherstausgabe 03/2003

Der Wilhelm Heyne Verlag ist ein Unternehmen
der Ullstein Heyne List GmbH & Co. KG
www.heyne.de
Printed in Germany 2003
Umschlaggestaltung: FranklDesign, München
Umschlagillustration: www.vietmeier.com
Satz: Fotosatz Völkl, Türkenfeld
Druck und Bindung: Ebner & Spiegel, Ulm

ISBN 3-453-86458-1

Inhalt

Die Tolteken
7

Einführung
Der nebelverhangene Spiegel
9

1

Die Domestizierung des Menschen
und der Traum des Planeten
15

2

Das erste Versprechen
Wählen Sie Ihre Worte mit Bedacht und
seien Sie untadelig mit Ihrem Wort
37

3

Das zweite Versprechen
Nehmen Sie nichts persönlich
57

4

Das dritte Versprechen
Ziehen Sie keine voreiligen Schlüsse
71

5

Das vierte Versprechen
Tun Sie immer Ihr Bestmögliches
83

6

Der toltekische Weg zur Freiheit
Die Auflösung alter Versprechen
99

7

Der neue Traum
Der Himmel auf Erden
127

Gebete 133

Dank 140

Über den Autor 142

Die Tolteken

Vor Tausenden von Jahren waren die Tolteken überall im Süden Mexikos als »Frauen und Männer der Weisheit« bekannt. Anthropologen haben die Tolteken als eine Nation oder Rasse bezeichnet, doch in Wirklichkeit waren die Tolteken Wissenschaftler und Künstler, die sich zu einer Gesellschaft zusammenschlossen, um das spirituelle Wissen und die Praktiken ihrer Vorfahren zu erforschen und weiterzuführen. Sie fanden sich als Meister *(naguals)* und Schüler in Teotihuacan ein, der alten Pyramidenstadt in der Nähe von Mexico City – bekannt als »der Ort, an dem der Mensch zu Gott wird«.

Im Laufe der Jahrtausende sahen sich die *naguals* gezwungen, das überlieferte Wissen zu verschleiern und seine Existenz im Verborgenen lebendig zu halten. Die Ankunft europäischer Eroberer in Verbindung mit dem überhand nehmenden Missbrauch persönlicher Macht bei einigen der *nagual*-Schüler machte es erforderlich, das Wissen vor denjenigen zu verbergen, die nicht darauf vorbereitet waren, es weise anzuwenden, oder die es unter Umständen absichtlich für ihren persönlichen Nutzen missbrauchen würden.

Glücklicherweise wurde das Wissen der Tolteken durch verschiedene Geschlechter von *naguals* gepflegt und von Generation zu Generation weitergegeben. Obwohl dieses Wissen jahrhundertelang hinter einem Schleier des Geheimnisses verborgen war, haben alte Prophezeiungen die Ankunft eines Zeitalters vorhergesagt, in dem die Rückgabe des Wissens an die Menschheit erforderlich werden würde. Heute ist Don Miguel Ruiz, ein *nagual* der Eagle-Knight-Linie, derjenige, der dazu angeleitet wurde, die machtvollen Lehren der Tolteken mit uns zu teilen.

Das toltekische Wissen basiert im Kern auf der gleichen universalen Wahrheit wie alle anderen heiligen esoterischen Traditionen auf der Welt. Obwohl es sich bei dieser Lehre nicht um eine Religion handelt, ehrt sie alle spirituellen Meister, die im Laufe der Geschichte auf der Erde gelebt und gelehrt haben. Auch wenn die Weisheit der Tolteken den Bereich des Spirituellen mit einbezieht, kann man sie doch am zutreffendsten als eine Lebensweise beschreiben, die sich vor allem dadurch auszeichnet, dass sie einen einfachen Zugang zu Glück und Liebe ermöglicht.

EINFÜHRUNG

Der nebelverhangene Spiegel

Vor dreitausend Jahren gab es einen Menschen, jemanden wie Sie und ich, der in der Nähe einer Stadt lebte, die von Bergen umsäumt war. Der Mensch studierte, um Medizinmann zu werden und das Wissen seiner Vorfahren zu erwerben, doch stimmte er nicht vollständig mit allem überein, was er lernte. In seinem Herzen spürte er, dass es noch etwas anderes geben musste.

Eines Tages, als er in einer Höhle schlief, träumte er, dass er seinen eigenen Körper schlafen sah. Er verließ seine Höhle und fand sich in einer Neumondnacht wieder. Der Himmel war klar und Millionen von Sternen strahlten auf ihn herab. Plötzlich geschah in seinem Inneren etwas, das sein Leben unwiderruflich veränderte. Er schaute auf seine Hände, er spürte seinen Körper und er hörte seine eigene Stimme sagen: »Ich bin aus Licht gemacht; ich bin aus Sternenstoff gemacht.«

Er schaute wieder zu den Sternen empor und erkannte, dass es nicht die Sterne sind, die das Licht erschaffen, sondern dass vielmehr das Licht die Sterne erschafft. »Alles ist aus Licht gemacht«, sagte er, »und der Raum dazwischen ist nicht leer.« Und er wusste, dass alles, was existiert, ein lebendiges Wesen ist und dass das Licht der Bote des Lebens ist, da es lebendig ist und alle Informationen enthält, die es gibt.

Dann erkannte er, dass er, obwohl er aus Sternen bestand, nicht dasselbe wie diese Sterne war. »Ich bin jemand, der zwischen den Sternen lebt«, dachte er bei sich. Also nannte er die Sterne *tonal* und das Licht zwischen den Sternen *nagual*, und er wusste, dass das, was die Harmonie und den Raum zwischen den beiden erschafft, das Leben oder die Intention ist. Ohne Leben könnten *tonal* und *nagual* nicht existieren. Leben ist die Macht des Absoluten, des Höchsten; der Schöpfer, der alles erschafft.

Dies ist, was er entdeckte: Alles, was existiert, ist eine Manifestation des einen Wesens, das wir Gott nennen. Alles ist Gott. Und er kam zu dem Schluss, dass die menschliche Wahrnehmung lediglich Licht ist, das Licht wahrnimmt. Dann sah er, dass Materie ein Spiegel ist – alles ist ein Spiegel, der Licht reflektiert und Bilder jenes Lichtes erschafft – und dass die Welt der Illusion, der *Traum*, genau wie Rauch ist, der unseren Blick verschleiert und uns nicht gestattet zu sehen, wer und was wir in Wirklichkeit sind. »Unser wirkliches Leben ist reine Liebe, reines Licht«, sagte er.

Diese Erkenntnis veränderte sein Leben. Nachdem er einmal wusste, wer er wirklich war, betrachtete er die anderen Menschen und den Rest der Natur und verspürte großes Erstaunen über das, was er sah. Er sah sich selbst in allem – in jedem Menschen, in jedem Tier, in jedem Baum, im Wasser, im Regen, in den Wolken, in der Erde zu seinen Füßen. Und er sah, dass das Leben *tonal* und *nagual* auf unendlich verschiedene Weisen mischt, um Billionen von Manifestationen des Lebens zu erschaffen.

In jenen wenigen Augenblicken verstand er alles. Er war sehr aufgeregt und sein Herz war von Frieden erfüllt. Er konnte es kaum erwarten, seinem Volk zu berichten, was er entdeckt hatte. Doch es gab keine Worte, mit denen er es hätte erklären können. Er versuchte, den anderen von seinem Erlebnis zu berichten, doch sie begriffen nicht, was er meinte. Sie konnten sehen, dass er sich verändert hatte, dass seine Augen und seine Stimme etwas Wunderbares ausstrahlten. Sie bemerkten, dass er nichts und niemanden mehr verurteilte. Er war nicht mehr der Gleiche, er war nicht mehr wie alle anderen.

Er konnte jeden sehr gut verstehen, doch niemand war in der Lage, ihn zu verstehen. Sie glaubten, er sei eine Inkarnation Gottes, und er lächelte, als er dies hörte, und sagte: »Es ist wahr. Ich bin Gott. Doch auch ihr seid Gott, wir sind dasselbe, ihr und ich. Wir sind Visionen des Lichtes. Wir sind Gott.« Doch die Menschen verstanden ihn immer noch nicht.

Er hatte entdeckt, dass er ein Spiegel für den Rest des Volkes war, ein Spiegel, in dem jeder sich selbst sehen konnte. »Jeder ist ein Spiegel«, sagte er. Er sah sich selbst in allen Menschen, doch niemand von ihnen sah in ihm sich selbst. Und ihm wurde klar, dass sie alle träumten, doch ohne Bewusstsein und ohne zu begreifen, wer sie wirklich waren. Sie konnten sich nicht in ihm erkennen, da es zwischen den Spiegeln eine Wand aus Nebel oder Rauch gab. Und diese Nebelwand bestand aus der Interpretation von Bildern des Lichts – dem *Traum* der Menschen.

Dann wusste er, dass er bald alles vergessen würde, was er gelernt hatte. Er wollte all die Visionen, die ihm beschieden waren, in Erinnerung behalten, also beschloss er, sich selbst »nebelverhangener Spiegel« zu nennen, damit ihm immer bewusst blieb, dass die Materie ein Spiegel ist und dass der dazwischenliegende Nebel das ist, was uns davon abhält zu wissen, wer wir wirklich sind. Er sagte: »Ich bin der nebelverhangene Spiegel, da ich mich selbst in euch allen sehe, doch wir einander wegen des zwischen uns liegenden Nebels nicht erkennen können. Dieser Nebel ist der *Traum*, und der Spiegel bist du, der Träumer.«

Es ist leicht,
mit geschlossenen Augen zu leben
und alles misszuverstehen,
was du siehst …

JOHN LENNON

1

Die Domestizierung des Menschen und der Traum des Planeten

Was Sie in diesem Augenblick sehen und hören, ist nichts als ein Traum. Sie träumen genau jetzt, in diesem Moment. Sie träumen mit wachem Geist.

Träumen ist die Hauptfunktion des Geistes und der Geist träumt vierundzwanzig Stunden am Tag. Er träumt, wenn der Verstand wach ist, und er träumt, wenn der Verstand schläft. Der Unterschied besteht darin, dass es – wenn der Verstand wach ist – einen materiellen Rahmen gibt, der dafür sorgt, dass wir die Dinge auf eine lineare Weise wahrnehmen. Wenn wir schlafen, haben wir diesen Rahmen nicht, und der Traum hat die Tendenz, sich ständig zu verändern.

Menschen träumen ununterbrochen, die ganze Zeit. Bevor wir geboren wurden, erschufen unsere

Vorfahren einen immensen äußeren Traum, den wir den Traum der Gesellschaft nennen wollen oder den *Traum des Planeten*. Der Traum des Planeten ist der kollektive Traum von Milliarden kleinerer, persönlicher Träume, die zusammen den Traum einer Familie, den Traum einer Gemeinde, den Traum einer Stadt, den Traum eines Landes und schließlich den Traum der gesamten Menschheit bilden. Der Traum des Planeten beinhaltet alle Regeln der menschlichen Gesellschaft, ihre Glaubenssätze und ihre weltlichen Gesetze, ihre Religionen, ihre verschiedenen Kulturen und Lebensweisen, ihre Regierungsformen, Lehrstätten, gesellschaftlichen Ereignisse und Feiertage.

Wir kommen mit der Fähigkeit auf die Welt, zu lernen, wie man träumt, und die Menschen, die vor uns gelebt haben, lehren uns, so zu träumen, wie es die Gesellschaft tut. Der äußere Traum hat so viele Regeln, dass wir, sobald ein neues Menschenwesen geboren wird, die Aufmerksamkeit des Kindes mit Beschlag belegen und seinem Geist diese Regeln aufoktroyieren. Der äußere Traum benutzt Mutter und Vater, die Schulen und Religion, um uns zu lehren, wie man träumt.

Aufmerksamkeit ist die uns eigene Fähigkeit, zwischen dem Wichtigen und Unwichtigen zu unterscheiden und uns nur auf das zu fokussieren, was wir wahrnehmen wollen. Wir können Millionen Dinge gleichzeitig wahrnehmen, doch indem wir unsere Aufmerksamkeit benutzen, holen wir alles, was wir wahrnehmen wollen, in den Vordergrund unseres Geistes. Die Erwachsenen in unserer Umgebung haben unsere Aufmerksamkeit mit Beschlag belegt und unseren Geist mit Informationen angefüllt. Auf diese Weise haben wir alles gelernt, was wir wissen.

Indem wir unsere Gabe der Aufmerksamkeit benutzten, erlernten wir eine umfassende Wirklichkeit, einen vollständigen Traum. Wir lernten, wie man sich in der Gesellschaft verhält: was man glauben soll und was nicht; was akzeptabel ist und was nicht; was schön und was hässlich ist; was richtig und was falsch ist. Es war alles schon vorgegeben – all das Wissen, all diese Regeln und Konzepte darüber, wie man sich in der Welt verhalten soll.

Als Sie noch in der Schule waren, saßen Sie auf einem kleinen Stuhl und richteten Ihre Aufmerksamkeit auf das, was der Lehrer Ihnen beibrachte. Wenn Sie in die Kirche gingen, hörten Sie aufmerksam zu, was der Priester oder Pfarrer Ihnen erzählte. Die Dynamik war die gleiche wie im Umgang mit den Eltern und Geschwistern: Alle versuchten, Ihre Aufmerksamkeit auf sich zu ziehen.

Außerdem lernen wir, die Aufmerksamkeit anderer Menschen auf uns zu ziehen, und wir entwickeln ein Bedürfnis nach Aufmerksamkeit, das einen sehr ehrgeizigen Charakter annehmen kann. Kinder buhlen um die Aufmerksamkeit ihrer Eltern, Lehrer und Freunde. »Schau mich an! Schau, was ich tue! Hallo, hier bin ich!« Das Bedürfnis nach Aufmerksamkeit wird immer stärker und setzt sich bis ins Erwachsenenalter fort.

Der äußere Traum vereinnahmt unsere Aufmerksamkeit und lehrt uns, was wir glauben sollen, angefangen mit der Sprache, die wir sprechen. Sprache ist der Code für Verständigung und Kommunikation zwischen den Menschen. Jeder Buchstabe, jedes Wort in jeder Sprache ist eine Vereinbarung, ein Versprechen mit der Sicherheit, dass es gehalten wird. Wir nennen das, was Sie gerade lesen, eine Seite in einem Buch; das Wort *Seite* ist eine Vereinbarung, die wir verstehen. Wenn wir erst einmal den Code verstehen, ist unsere Aufmerksamkeit darauf fixiert, und diese Energie überträgt sich von einer Person auf die andere.

Es war nicht Ihre Wahl, Deutsch zu sprechen. Sie haben die Religion, mit der Sie aufgewachsen sind, nicht selbst gewählt, oder Ihre moralischen Wertvorstellungen – diese existierten bereits, bevor Sie geboren wurden. Wir hatten nie die Gelegenheit zu entscheiden, was wir glauben oder nicht glauben wollen. Wir haben niemals auch nur die unwichtigste dieser Vereinbarungen selbst ausgewählt. Wir haben nicht einmal unseren eigenen Namen ausgesucht.

Als Kinder hatten wir nicht die Gelegenheit, uns unsere Glaubenssätze selbst auszusuchen, doch waren wir mit der Information *einverstanden*, die uns andere Menschen vom Traum des Planeten weitergaben. Die einzige Möglichkeit, Informationen zu speichern, ist durch eine Vereinbarung. Der äußere Traum mag unsere Aufmerksamkeit fesseln, doch wenn wir ihm nicht zustimmen, speichern wir die uns übermittelte Information nicht ab. Sobald wir aber einverstanden sind, *glauben* wir daran, und das nennt man Vertrauen. Vertrauen zu haben heißt, bedingungslos zu glauben.

Solange wir Kinder sind, lernen wir auf diese Weise. Kinder glauben alles, was Erwachsene sagen. Wir stimmen mit ihnen überein und unser Vertrauen ist so allumfassend, dass das entsprechende Glaubenssystem unseren ganzen Lebenstraum kontrolliert. Wir haben diese Überzeugungen nicht selbst gewählt und vielleicht haben wir sogar gegen sie rebelliert, doch waren wir nicht stark genug, die Rebellion erfolgreich durchzuführen. Das Resultat besteht darin, dass wir uns den Glaubenssätzen *mit unserem Einverständnis* unterordnen.

Ich nenne diesen Vorgang die *Domestizierung des Menschen.* Durch diese Domestizierung lernen wir, wie man lebt und träumt. Bei der menschlichen Domestizierung wird die Information aus dem äußeren Traum auf den inneren Traum übertragen, wodurch unser ganzes Glaubenssystem geschaffen wird. Als Erstes werden dem Kind die Namen von Dingen beigebracht: Mama, Papa, Milch, Flasche. Tag für Tag, zu Hause, in der Schule, in der Kirche und durch das Fernsehen wird uns gesagt, wie wir leben sollen und welche Verhaltensweisen akzeptabel sind. Der äußere Traum lehrt uns, wie man ein Mensch wird. Wir haben ein umfassendes Konzept darüber, was eine »Frau« und was ein »Mann« ist. Außerdem lernen wir, zu bewerten und zu verurteilen: Wir verurteilen uns selbst, verurteilen andere Menschen, verurteilen alles und jeden.

Kinder werden auf die gleiche Art domestiziert wie ein Hund, eine Katze oder irgendein anderes Tier. Um einem Hund etwas beizubringen, bestrafen wir ihn oder geben ihm eine Belohnung. Wir trainieren unsere Kinder, die wir doch so sehr lieben, beinahe genauso, wir wir jedes domestizierte Tier trainieren: mit einem System von Strafe und Belohnung. Man sagt uns: »Du bist ein braver Junge« oder »Du bist ein liebes Mädchen«, wenn wir tun, was Mama und Papa von uns erwarten. Tun wir es nicht, sind wir ein »böses Mädchen« oder ein »schlechter Junge«.

Wenn wir gegen die Regeln verstießen, wurden wir bestraft; verhielten wir uns den Regeln entsprechend, bekamen wir eine Belohnung. Wir wurden jeden Tag viele Male bestraft und wir wurden auch jeden Tag viele Male belohnt. Es dauerte nicht lange und wir hatten Angst vor Strafe und auch davor, keine Belohnung zu bekommen. Die Belohnung ist die Aufmerksamkeit, die uns von unseren Eltern oder von anderen Menschen, wie zum Beispiel unseren Geschwistern, Lehrern und Freunden, zuteil wurde. Bald entwickelten wir dann ein Bedürfnis, die Aufmerksamkeit anderer Menschen auf uns zu ziehen, um die Belohnung zu erhalten.

Die Belohnung gibt uns ein gutes Gefühl und wir machen weiter die Dinge, die andere von uns erwarten, damit wir dafür belohnt werden. Mit der Angst vor Strafe und der Angst, keine Belohnung zu bekommen, fangen wir an, so zu tun, als seien wir jemand, der wir in Wirklichkeit nicht sind, nur um anderen zu gefallen, nur um für jemand anderen gut genug zu sein. Wir versuchen, Mama und Papa zu gefallen; wir versuchen, den Lehrern in der Schule zu gefallen; wir versuchen, der Kirche zu gefallen; und auf diese Weise fangen wir an, unecht zu werden, eine Rolle zu spielen. Wir tun so, als seien wir jemand, der wir nicht sind, weil wir Angst davor haben, zurückgewiesen zu werden. Die Angst vor Zurückweisung wird zur Angst davor, nicht gut genug zu sein. Und schließlich werden wir jemand, der wir nicht sind. Wir werden zu einer Kopie von Mamas Erwartungen, Papas Glaubenssätzen, den Glaubenssätzen der Gesellschaft und denen der Religion.

Alle unsere persönlichen Neigungen gehen im Prozess der Domestizierung verloren. Wenn wir älter werden und unser Geist zu verstehen beginnt, lernen wir das Wort *nein*. Die Erwachsenen sagen: »Tu dies nicht« und »Tu das nicht«. Wir rebellieren und sagen: »Nein!«. Wir lehnen uns auf, weil wir unsere Freiheit verteidigen. Wir wollen wir selbst sein, doch sind wir sehr klein und die Erwachsenen sind groß und stark. Nach einer bestimmten Zeit bekommen wir es mit der Angst zu tun, dass wir jedes Mal, wenn wir etwas falsch machen, dafür bestraft werden.

Die Domestizierung ist so allumfassend, dass

wir an einem bestimmten Punkt in unserem Leben niemanden mehr brauchen, um uns zu domestizieren. Wir brauchen dazu weder Mama noch Papa, noch die Schule oder die Kirche. Wir sind mittlerweile so gut trainiert, dass wir unser eigener Dompteur werden. Wir sind ein selbst domestiziertes Tier. Von nun an können wir uns selbst im Sinne des Glaubenssystems domestizieren, das uns eingetrichtert wurde, und das gleiche System von Strafe und Belohnung anwenden. Wir strafen uns selbst, wenn wir uns nicht entsprechend den Regeln unseres Glaubenssystems verhalten; wir belohnen uns selbst, wenn wir der »brave Junge« oder das »liebe Mädchen« sind.

Das Glaubenssystem ist wie ein Gesetzbuch, das unseren Geist beherrscht. Ohne es infrage zu stellen, haben wir alles, was in diesem Gesetzbuch steht, als unsere Wahrheit akzeptiert. Wir gründen alle unsere Ansichten und Werturteile auf dieses Gesetzbuch, auch wenn sie gegen unsere innere Natur verstoßen. Selbst moralische Gesetze wie die Zehn Gebote werden im Laufe unserer Domestizierung in unseren Geist programmiert. Alle diese Abmachungen finden sich eine nach der anderen in dem Gesetzbuch wieder und diese Abmachungen beherrschen unseren Traum.

In unserem Geist gibt es etwas, das alles und jeden beurteilt, einschließlich des Wetters, des Hundes, der Katze – alles. Dieser innere Richter wendet an, was in unserem Gesetzbuch geschrieben steht, um alles zu be- oder verurteilen, was wir tun und nicht tun, alles, was wir denken und nicht denken, und alles, was wir fühlen und nicht fühlen. Alles lebt unter der Tyrannei dieses Richters. Jedes Mal, wenn wir etwas tun, das gegen unser Gesetzbuch verstößt, sagt der Richter, dass wir schuldig sind, dass wir bestraft werden müssen und dass wir uns schämen sollten. Dieser Vorgang passiert täglich viele Male, Tag für Tag, unser ganzes Leben lang.

Dann gibt es noch einen anderen Teil in uns, der diese Verurteilungen entgegennimmt – dieser Teil ist »das Opfer«. Das Opfer trägt die Schande, die Schuld und die Schmach. Er ist der Teil von uns, der sagt: »Armes Ich, ich bin nicht gut genug, ich bin nicht intelligent genug, ich bin nicht schön genug, ich bin es nicht wert, geliebt zu werden, o ich armes Ich.« Der übermächtige Richter stimmt dem zu und sagt: »Genau, du bist nicht gut genug.« Und all dies basiert auf einem Glaubenssystem, zu dem wir uns nie freiwillig bekannt haben. Diese Glaubenssätze sind so stark, dass wir selbst Jahre später, wenn wir neue Konzepte kennen lernen und versuchen, unsere eigenen Entscheidungen zu treffen, feststellen, dass sie nach wie vor unser Leben und unser Verhalten bestimmen.

Was immer gegen das Gesetzbuch verstößt, wird Ihnen ein unangenehmes Gefühl in der Magengegend verursachen, und dieses Gefühl ist Angst. Das Ignorieren und die Nichtbefolgung der Regeln im Gesetzbuch legt Ihre emotionalen Wunden bloß und Ihre Reaktion besteht darin, emotionales Gift zu produzieren. Weil alles, was im Gesetzbuch geschrieben steht, wahr sein muss, gibt Ihnen alles, was Ihren Glauben herausfordert und infrage stellt, ein Gefühl der Unsicherheit. Selbst wenn das Gesetzbuch falsch ist, vermittelt es Ihnen ein *Gefühl der Sicherheit*.

Das ist der Grund, warum wir eine Menge Mut brauchen, um unsere eigenen Glaubenssätze infrage zu stellen. Denn selbst wenn wir wissen, dass wir alle diese Überzeugungen nicht selbst gewählt haben, so ist es doch eine Tatsache, dass wir sie akzeptiert haben. Diese Vereinbarung geht so tief, dass wir selbst dann, wenn wir begreifen, dass sie nicht wahr ist, die Schmach, die Schuld und die Scham empfinden, die sich einstellen, wenn wir gegen diese Regeln verstoßen.

Genauso wie die Regierung ein Gesetzbuch hat, das die Träume der Gesellschaft bestimmt, ist unser Glaubenssystem das Gesetzbuch, das unseren persönlichen Traum bestimmt. Alle diese Gesetze existieren in unserem Geist, wir glauben an sie, und für den Richter in unserem Inneren basiert alles auf diesen Regeln. Der Richter fällt sein Urteil, das Opfer erhält die Schuld und erleidet die Strafe. Doch wer sagt, dass es in diesem Traum wirklich Gerechtigkeit gibt? Wahre Gerechtigkeit besteht darin, für jeden Fehler nur einmal zu bezahlen. Wahre *Ungerechtigkeit* ist es, wenn man mehr als einmal für jeden Fehler bezahlen muss.

Wie oft bezahlen wir für einen Fehler? Die Antwort ist: Tausende von Malen. Der Mensch ist das einzige Tier auf der Welt, das viele tausend Mal für denselben Fehler büßt. Alle anderen Tiere bezahlen einmal für jeden Fehler, den sie machen. Doch wir nicht. Wir haben die mächtige Gabe der Erinnerung. Wir machen etwas falsch, wir sitzen über uns selbst zu Gericht, wir sprechen uns selbst schuldig und wir bestrafen uns selbst. Wenn Gerechtigkeit existiert, dann sollte das genügen; es ist nicht nötig, dass wir den ganzen Prozess wiederholen. Doch jedes Mal, wenn wir uns an die betreffende Situation erinnern, richten wir uns wieder selbst, befinden wir uns wieder für schuldig und bestrafen uns wieder und wieder. Wenn wir einen Partner haben, erinnert dieser uns auch noch an unseren Fehler, damit wir uns erneut verurteilen, bestrafen und für schuldig befinden können. Ist das Gerechtigkeit?

Wie oft lassen wir unseren Partner, unsere Kinder oder unsere Eltern für denselben Fehler bezahlen? Jedes Mal, wenn wir uns an den Fehler erinnern, geben wir ihnen erneut die Schuld und überschütten sie mit all dem emotionalen Gift, das wir aufgrund der jeweiligen Ungerechtigkeit empfinden, und dann sorgen wir dafür, dass sie wieder für denselben Fehler bezahlen. Ist das Gerechtigkeit? Unser innerer Richter hat Unrecht, da das Glaubenssystem, das innere Gesetzbuch, falsch ist. Der gesamte Traum beruht auf einem falschen Gesetz. Fünfundneunzig Prozent der Glaubenssätze, die wir in unserem Kopf gespeichert haben, sind nichts als Lügen, und wir leiden, weil wir alle diese Lügen für wahr halten und an sie glauben.

Im Traum des Planeten ist es normal, dass die Menschen leiden, in Angst leben und emotionale Dramen erzeugen. Der äußere Traum ist nicht erfreulich; er ist ein Traum von Gewalt, ein Traum von Angst, ein Traum von Krieg, ein Traum von Ungerechtigkeit. Die persönlichen Träume der Menschen mögen variieren, doch global gesehen ist der Traum in erster Linie ein Albtraum. Wenn wir die menschliche Gesellschaft betrachten, sehen wir eine Situation, die von Angst regiert wird und in der zu leben überaus schwierig ist. Überall auf der Welt sehen wir menschliches Leid, Wut, Rache, Suchtverhalten, Gewalt in den Straßen und enorme Ungerechtigkeit. Der Grad dieses Leidens mag in den verschiedenen Ländern unterschiedlich hoch sein, doch ist es eine Tatsache, dass der äußere Traum von Angst beherrscht wird.

Wenn wir den Traum der menschlichen Gesellschaft mit den Beschreibungen der Hölle vergleichen, die sämtliche Religionen überall auf der Welt verbreitet haben, stellen wir fest, dass sie völlig übereinstimmen. Die Religionen behaupten, dass die Hölle ein Ort der Strafe ist, ein Ort der Angst, der Schmerzen und des Leidens, ein Ort, an dem das Feuer Sie verbrennt. Feuer wird von Emotionen angefacht, die der Angst entspringen. Wann immer wir Gefühle von Wut, Eifersucht, Neid oder Hass empfinden, spüren wir, wie in unserem Inneren ein Feuer entbrennt. Wir leben in einem Traum der Hölle.

Wenn Sie Hölle als einen Geisteszustand betrachten, dann ist sie überall gegenwärtig. Andere mögen uns drohen, dass wir zur Hölle fahren werden, wenn wir nicht das tun, was sie sagen. Schlechte Nachrichten! Wir sind bereits in der Hölle, zusammen mit den Menschen, die uns damit drohen. Kein Mensch kann einen anderen zur Hölle verdammen, da wir uns bereits in der Hölle befinden. Es stimmt, dass andere uns in eine noch tiefere Hölle stürzen können. Doch nur dann, wenn wir es ihnen erlauben.

Jeder Mensch hat seinen eigenen persönlichen Traum und ebenso wie der gesellschaftliche Traum ist der persönliche Traum oft von Angst bestimmt. Wir lernen, Hölle in unserem eigenen Leben zu träumen, in unserem persönlichen Traum. Die gleichen Ängste manifestieren sich natürlich für jeden Einzelnen auf unterschiedliche Weise, doch wir alle erleben Wut, Eifersucht, Hass, Neid und andere negative Emotionen. Auch unser persönlicher Traum kann sich zu einem fortwährenden Albtraum entwickeln, in dem wir leiden und in einem ununterbrochenen Zustand von Angst leben. Doch wir müssen keinen Albtraum träumen. Es ist möglich, sich an einem angenehmen Traum zu erfreuen.

Die gesamte Menschheit sucht nach Wahrheit, Gerechtigkeit und Schönheit. Wir befinden uns auf einer ewigen Suche nach der Wahrheit, da wir sie um uns herum nicht erkennen und verblendet sind von den Lügen, die wir in unserem Kopf gespeichert haben. Wir suchen nach Gerechtigkeit, da es in dem Glaubenssystem, das wir uns angeeignet haben, keine Gerechtigkeit gibt. Wir suchen nach Schönheit, denn unabhängig davon, wie schön ein Mensch ist, glauben wir nicht, dass dieser Mensch wirkliche Schönheit besitzt. Wir suchen unaufhörlich immer weiter, während doch alles bereits in unserem Inneren zu finden ist. Es gibt keine Wahrheit, die gefunden werden muss. Wo immer wir hinschauen, ist alles, was wir sehen, die Wahrheit, doch aufgrund der Vereinbarungen und Glaubenssätze, die wir übernommen und verinnerlicht haben, fehlen uns die Augen für diese Wahrheit.

Wir sehen die Wahrheit nicht, da wir blind sind. Was uns blendet, sind all jene falschen Überzeugungen und Gesetze, die wir verinnerlicht haben. Wir sind von der Notwendigkeit getrieben, Recht zu haben, während andere Unrecht haben müssen. Wir vertrauen dem, was wir glauben, und unsere Glaubenssätze sorgen dafür, dass wir leiden. Es ist, als lebten wir mitten in einem undurchdringlichen Nebel, der uns nicht erlaubt, weiter als bis zu unserer eigenen Nasenspitze zu sehen. Wir leben in einem Nebel, der in Wirklichkeit gar nicht existiert. Dieser Nebel ist ein Traum, Ihr persönlicher Traum des Lebens – was Sie glauben, all die Konzepte, die Sie im Hinblick darauf haben, wer Sie sind, all die Vereinbarungen, die Sie mit anderen Menschen eingegangen sind, mit sich selbst und sogar mit Gott.

Ihr ganzer Geist ist ein Nebel, den die Tolteken

mitote genannt haben. Ihr Geist ist ein Traum, in dem tausend Menschen auf einmal reden und keiner den anderen versteht. Das ist der Zustand des menschlichen Verstandes – ein großes *mitote* –, und aufgrund dieses großen *mitote* können Sie nicht erkennen, wer Sie wirklich sind. In Indien wird das *mitote* »*Maya*« genannt, was Illusion bedeutet. Es ist die Vorstellung der Persönlichkeit darüber, was das »Ich« ist. Alles, was Sie über sich selbst und die Welt glauben, all die Konzepte und Programme in Ihrem Kopf, sie alle sind das *mitote*. Wir können nicht sehen, wer wir in Wahrheit sind; wir können nicht sehen, dass wir nicht frei sind.

Das ist der Grund, warum die Menschen sich gegen das Leben auflehnen. Die Angst vor dem Leben ist die größte Angst der Menschen. Wir fürchten uns nicht so sehr vor dem Tod; unsere größte Angst ist es, das Risiko des Lebens einzugehen – das Risiko, lebendig zu sein und auszudrücken, wer und was wir wirklich sind. Einfach nur sie selbst zu sein ist die größte Angst der Menschen. Wir haben gelernt, unser Leben in dem Versuch zu fristen, die Ansprüche anderer Menschen zu befriedigen. Wir haben gelernt, entsprechend den Ansichten anderer Menschen zu leben, weil wir Angst hatten, sonst nicht akzeptiert zu werden und in den Augen anderer nicht gut genug zu sein.

Während des Prozesses der Domestizierung entwickeln wir eine Vorstellung davon, was Perfektion ist, damit wir versuchen können, gut genug zu sein. Wir erschaffen ein Bild davon, wir wir sein sollten, um von anderen Menschen akzeptiert zu werden. Vor allen Dingen sind wir bemüht, den Menschen zu gefallen, die uns lieben, wie Mama und Papa, ältere Brüder und Schwestern, Priester und Pfarrer und unsere Lehrer. In dem Versuch, gut genug für sie zu sein, erschaffen wir ein Bild der Perfektion, dem wir jedoch nicht gerecht werden. Wir erschaffen dieses Bild, doch es ist nicht real. Von diesem Standpunkt aus betrachtet, werden wir nie perfekt sein. Niemals!

Da wir nicht perfekt sind, lehnen wir uns selbst ab. Und der Grad der Selbstablehnung hängt davon ab, wie effektiv die Erwachsenen bei der Zerstörung unserer Integrität gewesen sind. Nach der Domestizierung geht es nicht mehr nur darum, für andere gut genug zu sein. Jetzt sind wir sogar für uns selbst nicht mehr gut genug, weil wir unserer eigenen Vorstellung von Perfektion nicht gerecht werden. Wir können uns nicht verzeihen, dass wir nicht so sind, wie wir sein wollen beziehungsweise wie wir *glauben*, dass wir sein sollten. Wir können uns nicht verzeihen, dass wir nicht perfekt sind.

Wir wissen, dass wir nicht das sind, was wir glauben, sein zu müssen, und daher fühlen wir uns irgendwie falsch, frustriert und unehrlich. Wir versuchen, uns zu verstecken, und geben vor zu sein, was wir nicht sind. Das Resultat ist, dass wir uns nicht authentisch fühlen und dass wir gesellschaftliche Masken aufsetzen, um zu verhindern, dass andere uns auf die Schliche kommen. Wir haben große Angst davor, jemand anders könnte herausfinden, dass wir nicht der sind, der zu sein wir vorgeben. Genauso beurteilen wir andere entsprechend unserem Bild von Perfektion und es versteht sich von selbst, dass auch die anderen unser Ideal von Perfektion nicht erreichen.

Wir entwürdigen uns selbst, nur um anderen Menschen zu gefallen. Wir gehen sogar so weit, unserem physischen Körper Schaden zuzufügen, nur um von anderen akzeptiert zu werden. Viele Teenager nehmen Drogen, nur weil sie vermeiden wollen, von anderen Teenagern zurückgewiesen zu werden. Sie wissen nicht, dass das Problem darin besteht, dass sie sich selbst nicht akzeptieren. Sie lehnen sich selbst ab, weil sie nicht sind, was sie zu sein vorgeben. Sie möchten auf eine bestimmte Art sein, doch sie sind es nicht, und deswegen empfinden sie Scham und Schuldgefühle. Menschen bestrafen sich endlos selbst für die Tatsache, dass sie nicht so sind, wie sie glauben, dass sie sein sollten. Sie quälen sich selbst und bringen auch andere dazu, dass sie sie schlecht behandeln.

Doch niemand behandelt uns schlechter, als wir uns selbst behandeln. Es ist das von uns übernommene Glaubenssystem, der innere Richter und das Opfer in uns, die uns dazu zwingen, so zu handeln. Sicher, es gibt Menschen, die sagen, dass ihr Ehepartner oder ihre Mutter oder ihr Vater sie missbraucht hat, doch wir wissen, dass wir uns selbst am meisten missbrauchen. Die Art und Weise, wie wir uns selbst verurteilen, ist auf den schlimmsten Richter zurückzuführen, den es je gegeben hat: den Richter in unserem eigenen Inneren. Wenn wir in Gegenwart anderer Menschen einen Fehler machen, versuchen wir, diesen Fehler zu leugnen oder zu vertuschen. Doch sobald wir alleine sind, wird der Richter in uns übermächtig, Schuldgefühle überwältigen uns und wir fühlen uns furchtbar dumm oder schlecht oder total unwürdig.

In Ihrem ganzen Leben hat Sie nie jemand schlechter behandelt, als Sie sich selbst misshandelt haben. Und die Grenze Ihres Selbstmissbrauchs ist genau das Limit, das Sie bei anderen als Missbrauch Ihnen gegenüber tolerieren. Wenn jemand Sie auch nur ein wenig schlechter behandelt, als Sie sich selbst behandeln, werden Sie dem Betreffenden wahrscheinlich den Rücken kehren. Doch sollte Sie jemand ein bisschen weniger schlecht behandeln, als Sie es mit sich selbst tun, werden Sie wahrscheinlich in dieser Beziehung bleiben und die schlechte Behandlung des anderen endlos tolerieren.

Wenn Sie sich selbst extrem missbrauchen, können Sie sogar jemanden tolerieren, der Sie schlägt, demütigt und wie Abfall behandelt. Warum? Weil Sie in Ihrem Glaubenssystem sagen: »Ich verdiene es, so behandelt zu werden. Dieser Mensch tut mir einen Gefallen, indem er mit mir zusammen ist. Ich bin es nicht wert, geliebt und respektiert zu werden. Ich bin nicht gut genug.«

Wir haben das Bedürfnis, von anderen akzeptiert und geliebt zu werden, doch können wir uns selbst nicht akzeptieren und lieben. Je mehr Selbstliebe wir haben, desto weniger Selbstmissbrauch werden wir erleben. Selbstmissbrauch kommt von Selbstablehnung, und Selbstablehnung hat ihre Ursache darin, dass wir eine Vorstellung davon haben, was es bedeutet, perfekt zu sein, jedoch nie in der Lage sind, diesem Ideal auch nur annähernd gerecht zu werden. Unsere Vision von Perfektion ist der Grund, warum wir uns selbst ablehnen; sie ist der Grund, warum wir uns selbst nicht akzeptieren und warum wir andere Menschen nicht so akzeptieren, wie sie sind.

Auftakt zu einem neuen Traum

Es gibt Tausende von Versprechen, die Sie anderen Menschen, dem Traum des Lebens, Gott, der Gesellschaft, Ihren Eltern, Ihrem Partner, Ihren Kindern gegeben haben. Doch die wichtigsten Versprechen sind die, die Sie sich selbst geben. In diesen Vereinbarungen sagen Sie sich selbst, wer Sie sind, was Sie fühlen, was Sie glauben und wie Sie sich zu verhalten haben. Das Resultat ist das, was Sie Ihre Persönlichkeit nennen. In diesen Vereinbarungen sagen Sie: »So bin ich. Das ist es, was ich glaube. Ich kann bestimmte Dinge tun und andere Dinge kann ich nicht tun. Dies ist die Wirklichkeit, das ist die Fantasie; dies ist möglich, das ist unmöglich.«

Eine einzige Vereinbarung stellt nicht ein so großes Problem dar, doch haben wir viele Vereinbarungen, die uns Leid bringen, die dafür sorgen, dass wir im Leben versagen. Wenn Sie ein Leben voller Freude und Erfüllung führen wollen, müssen Sie den Mut finden, diese auf Angst basierenden Vereinbarungen oder Versprechen aufzulösen und Ihre persönliche Macht geltend zu machen. Vereinbarungen, die von Angst diktiert wurden, erfordern, dass wir ein hohes Maß an Kraft investieren; Vereinbarungen, die auf Liebe beruhen, helfen uns dagegen, Energie zu sparen und sogar zusätzliche Energie zu gewinnen.

Jeder von uns ist mit einer gewissen Menge persönlicher Macht auf die Welt gekommen, die wir jeden Tag im Ruhezustand und im Schlaf wieder aufbauen. Leider benutzen wir all unsere persönliche Macht in erster Linie dazu, diese Vereinbarungen einzugehen und einzuhalten. Unsere persönliche Macht wird durch die vielen Vereinbarungen, die wir geschaffen haben, vergeudet. Das Ergebnis ist, dass wir uns machtlos und schwach fühlen. Wir haben gerade genug Kraft, jeden einzelnen Tag durchzustehen, denn die meiste Kraft investieren wir in die Einhaltung der Abmachungen, die uns im Tanz des Planeten gefangen halten. Wie können wir den gesamten Traum unseres Lebens verändern, wenn wir nicht die Kraft haben, auch nur die kleinste Vereinbarung zu verändern?

Wenn wir sehen können, dass es unsere Versprechen sind, die unser Leben beherrschen, und uns der Traum unseres Lebens nicht gefällt, müssen wir diese Vereinbarungen ändern. Wenn wir schließlich dazu bereit sind, gibt es vier sehr machtvolle Versprechen, die uns helfen werden, jene Versprechen zu brechen, die auf Angst basieren und unsere Energie erschöpfen.

Jedes Mal, wenn Sie eine Vereinbarung auflösen, kehrt all die Kraft, die Sie gebraucht haben, um diese Vereinbarung zu schaffen und einzuhalten, zu Ihnen zurück. Wenn Sie diese vier neuen Vereinbarungen übernehmen, werden Sie genug persönliche Macht zurückholen, um das gesamte System Ihrer alten Abmachungen verändern zu können.

Sie brauchen einen sehr starken Willen, um diese vier Vereinbarungen zu übernehmen – doch wenn es Ihnen gelingt, diese Vereinbarungen in Ihrem Leben geltend zu machen, werden Sie eine absolut verblüffende Transformation erfahren. Sie werden sehen, wie sich das Drama der Hölle direkt vor Ihren Augen in Luft auflöst. Anstatt in einem Traum von der Hölle zu leben, werden Sie einen neuen Traum erschaffen – Ihren persönlichen Traum vom Paradies, vom Himmel auf Erden.

2

Das erste Versprechen

Wählen Sie Ihre Worte mit Bedacht und seien Sie untadelig mit Ihrem Wort

Das erste Versprechen ist das wichtigste und auch am schwersten zu halten. Die Bedeutung dieses Versprechens ist so ausschlaggebend, dass Sie allein damit in der Lage sein werden, eine Ebene der Existenz zu erreichen, die ich den »Himmel auf Erden« nenne.

Das erste Versprechen besteht darin, *untadelig mit Ihrem Wort* zu sein. Das hört sich sehr einfach an, ist jedoch äußerst wirkungsvoll.

Warum Ihr Wort? Ihre Worte sind die Kraft, mit der Sie etwas erschaffen können. Ihre Worte sind ein direkt von Gott kommendes Geschenk. Im Johannesevangelium in der Bibel heißt es im Zusammenhang mit der Erschaffung des Universums: *Im Anfang war das Wort, und das Wort war bei Gott, und das Wort war Gott.* Durch das Wort geben Sie Ihrer kreativen Kraft Ausdruck; durch das Wort manifestieren Sie alles. Unabhängig von der Sprache, die Sie sprechen, manifestiert sich Ihre Absicht durch das Wort. Was immer Sie träumen, was Sie fühlen und wer Sie wirklich sind, all das kommt durch das Wort zum Ausdruck.

Das Wort ist nicht nur ein Ton oder ein schriftliches Symbol. Das Wort ist eine Macht; es ist die Macht, die Sie besitzen, sich auszudrücken und zu kommunizieren, zu denken und somit die Ereignisse in Ihrem Leben zu erschaffen. Sie können sprechen. Welches andere Tier auf der Welt ist dazu fähig? Das Wort ist das mächtigste Instrument, das Ihnen als Mensch zur Verfügung steht. Doch genau wie ein Schwert zwei Schneiden hat, können Ihre Worte zum einen den herrlichsten Traum verwirklichen, zum anderen aber auch alles in Ihrer Umgebung zerstören. Die eine Schneide bedeutet Missbrauch des Wortes, was eine lebendige Hölle schafft. Die andere Schneide ist die Untadeligkeit des Wortes, die nur Schönheit, Liebe und den Himmel auf Erden erschafft. Entsprechend der Art, wie es gebraucht wird, kann das Wort Sie befreien – oder es kann Sie noch mehr versklaven, als Ihnen bewusst ist. All die Zauberkraft, die Sie besitzen, basiert auf Ihrem Wort. Ihr Wort ist reine Magie und der Missbrauch Ihres Wortes ist schwarze Magie.

Das Wort ist so machtvoll, dass ein einziges ein Leben positiv verändern oder das Leben von Millionen Menschen zerstören kann. Vor mehr als fünfzig Jahren war es in Deutschland einem einzigen Mann möglich, durch den Einsatz seiner machtvollen Worte ein ganzes Volk intelligenter und gebildeter Menschen wie nie zuvor in der Geschichte zu manipulieren: Adolf Hitler. Er führte sie ausschließlich mit der Kraft seines Wortes in den Zweiten Weltkrieg. Er überzeugte viele von ihnen, die widerlichsten Akte von Verbrechen und Gewalt durchzuführen. Er aktivierte die Angst der Menschen mit seinem Wort und wie eine große Explosion brachen Aggressivität und Gewalt aus. Überall auf der Welt vernichteten Menschen sich gegenseitig, weil sie Angst voreinander hatten. Hitlers Worte, basierend auf angstbesetzten Glaubenssätzen und Vereinbarungen, werden die Erinnerung der Menschheit noch jahrhundertelang belasten.

Der menschliche Geist ist wie ein fruchtbarer Boden, in den unaufhörlich Samenkörner gepflanzt werden. Diese Samen sind Ansichten, Ideen und Konzepte. Sie pflanzen ein Samenkorn, einen Gedanken, und es wächst. Das Wort ist wie dieses Samenkorn und der menschliche Geist ist überaus fruchtbar! Doch das große Problem besteht darin, dass er zu oft empfänglich ist für die Samenkörner der Angst. Jeder menschliche Geist ist fruchtbar, doch nur für jene Art von Samenkörnern, auf die er vorbereitet ist. Es ist wichtig zu erkennen, für welche Art von Samen unser Geist empfänglich ist, und ihn darauf vorzubereiten, die Samenkörner der Liebe zu empfangen.

Nehmen Sie das Beispiel Adolf Hitler: Er schickte alle diese Samenkörner der Angst aus und sie wuchsen zu machtvoller Frucht heran und führten zu massiver Zerstörung. Wenn wir die ungeheure Macht des Wortes sehen, müssen wir verstehen lernen, welche Art von Macht aus unseren Mündern kommt. Eine Angst oder ein Zweifel, die oder der in unseren Geist eingepflanzt wird, kann eine endlose Kette von dramatischen Ereignissen heraufbeschwören. Ein Wort ist wie ein Bann und die Menschen benutzen das Wort wie schwarze Magier, die einander gedankenlos mit Flüchen belegen.

Jeder Mensch ist ein Magier und wir können durch unser Wort einen anderen verfluchen oder ihn von einem Fluch befreien. Wir verhexen ständig alle mit unseren Ansichten. Zum Beispiel: Ich sehe einen Freund und sage ihm meine Meinung über etwas, das mir gerade in den Sinn kommt. Ich sage: »Hmmm! Ich habe die Art von Gesichtsfarbe, wie du sie hast, bei Leuten gesehen, die später Krebs bekommen haben.« Wenn der andere sich dieses Wort zu Herzen nimmt, wird er in weniger als einem Jahr Krebs haben. So groß ist die Macht des Wortes.

Im Laufe unserer Domestizierung haben unsere Eltern und Geschwister uns ständig ihre Meinung gesagt, ohne je einen Gedanken an die möglichen Folgen zu verschwenden. Wir glaubten, dass diese Meinungen richtig waren, und lebten in Angst vor diesen Ansichten, wie beispielsweise, dass wir nicht gut genug im Schwimmen, beim Sport oder im Schreiben waren. Jemand tut seine Meinung kund und sagt: »Schau, dieses Mädchen ist aber hässlich!« Das Mädchen hört diese Worte, glaubt sie und wächst mit dem Gedanken heran, dass sie hässlich ist. Es spielt keine Rolle, wie schön sie in Wirklichkeit ist; solange sie diese Vereinbarung aufrechterhält, wird sie glauben, sie sei hässlich. Das ist der Fluch des Wortes, unter dem sie lebt.

Indem es unsere Aufmerksamkeit fesselt, kann ein Wort sich in unserem Kopf festsetzen und einen Glaubenssatz erzeugen oder eine Überzeugung zum Guten oder Schlechten hin verändern. Ein anderes Beispiel: Vielleicht glauben Sie, dass Sie dumm sind, und vielleicht haben Sie das geglaubt, solange Sie sich erinnern können. Diese Vereinbarung kann sehr trickreich sein und dazu führen, dass Sie eine Menge von Dingen tun, die dieser Einschätzung entsprechen – und irgendwie interpretieren Sie alles so, dass das Negative immer wieder bestätigt wird. Sie mögen irgendetwas tun und bei sich selbst denken: »Ich wünschte, ich wäre klug, doch muss ich dumm sein, oder ich hätte das nicht getan.« Der Verstand läuft in unzählige Richtungen und wir könnten viele Tage damit verbringen, unser Bewusstsein nur mit diesem einen Glauben an unsere eigene Dummheit zu beschäftigen.

Aber vielleicht kommt eines Tages jemand daher und zieht Ihre ganze Aufmerksamkeit auf sich, indem er Worte findet, mit denen er Sie wissen lässt, dass Sie nicht dumm sind. Sie glauben, was dieser Mensch sagt, und treffen eine neue Vereinbarung. Das Ergebnis ist, dass Sie sich nicht länger als dumm betrachten oder dumme Dinge tun. Ein Bann ist gebrochen, nur durch die Macht des Wortes. Wenn Sie andererseits glauben, dass Sie dumm sind, und jemand trifft mit seinen Worten genau in Ihr Herz, indem er sagt: »Ja, du bist wirklich der dümmste Mensch, der mir je begegnet ist«, dann wird die Vereinbarung bestätigt und gewinnt zusätzlich an Kraft.

Was bedeutet es, das Wort *untadelig* zu verwenden? *Untadelig* heißt so viel wie *ohne Tadel, ohne Sünde*. Religionen sprechen von Sündern und Sünderinnen, doch was heißt es wirklich, zu sündigen? Eine Sünde ist jeder Gedanke und jede Aktion, die Ihrer wahren Natur widerspricht. Alles, was Sie fühlen oder glauben oder sagen, das gegen Ihr innerstes Wesen geht, ist eine Sünde. Dazu gehören zum Beispiel Situationen, in denen Sie sich selbst für irgendetwas beschuldigen oder verurteilen. Ohne Sünde zu sein ist genau das Gegenteil. Untadelig zu sein bedeutet, nichts zu tun, was uns im Innersten widerspricht. Wenn Sie untadelig sind, übernehmen Sie die Verantwortung für Ihre Handlungen, doch Sie geben sich weder die Schuld für irgendetwas noch verurteilen Sie sich selbst.

In dieser Sichtweise verändert sich das gesamte Konzept von Sünde von etwas Moralischem oder Religiösem zu einer Angelegenheit des gesunden Menschenverstands. Sünde beginnt mit der Ablehnung Ihrer selbst. Selbstablehnung ist die größte Sünde, die Sie begehen können. In religiöser Hinsicht ist die Ablehnung des eigenen Selbst eine »tödliche Sünde«, die den Tod nach sich zieht. Untadeligkeit andererseits führt zum Leben.

Untadelig und mit Bedacht mit Ihrem Wort umzugehen, bedeutet, dass Sie Ihr Wort nicht gegen sich selbst richten. Wenn ich Ihnen auf der Straße begegne und Sie als dumm bezeichne, hat es den Anschein, als gebrauchte ich mein Wort gegen Sie. Doch in Wirklichkeit richte ich mein Wort gegen meine eigene Person, da Sie mich deswegen hassen werden, und Ihr Hass ist nicht gut für mich. Wenn ich also wütend bin und das damit verbundene emotionale Gift durch meine Worte in Ihre Richtung schicke, richte ich das Wort gegen mich selbst.

Wenn ich mich selbst liebe, dann bringe ich diese Liebe in meinen Interaktionen mit Ihnen zum Ausdruck und bin untadelig mit meinem Wort, da ich weiß, dass meine Aktion eine ähnliche Reaktion hervorrufen wird. Wenn ich Ihnen gegenüber Liebe empfinde, dann werden Sie mich auch lieben. Wenn ich Sie beleidige, werden Sie mich beleidigen. Wenn ich Ihnen dankbar bin, dann werden Sie mir ebenso dankbar sein. Verhalte ich mich Ihnen gegenüber egoistisch, werden Sie mir gegenüber auch egoistisch sein. Wenn ich mein Wort benutze, um Sie zu verfluchen oder mit einem Bann zu belegen, werden Sie das Gleiche mit mir tun.

Mit Bedacht und untadelig mit Ihrem Wort umzugehen, bedeutet, dass Sie mit Ihrer Energie richtig umgehen. Es bedeutet, dass Sie Ihre Kraft im Namen der Wahrheit und Liebe für sich selbst einsetzen. Wenn Sie sich selbst das Versprechen geben, untadelig mit Ihrem Wort zu sein, wird sich allein aufgrund dieser Absicht die Wahrheit durch Sie manifestieren und all das emotionale Gift beseitigen, das sich in Ihrem Inneren angesammelt hat. Doch ist es nicht leicht, diese Vereinbarung einzuhalten, da wir gelernt haben, genau das Gegenteil zu tun. Wir haben gelernt, gewohnheitsmäßig in unserer Kommunikation mit anderen Menschen – und, was wichtiger ist, mit uns selbst – zu lügen. Wir sind nicht untadelig mit unserem Wort und verwenden es unbedacht.

Wir benutzen unser Wort, um Schuld zuzusprechen und zu zerstören. Natürlich wenden wir es auch auf die richtige Art an, doch nicht sehr oft. Meistens benutzen wir unser Wort, um unser persönliches Gift zu verspritzen – um Wut auszudrücken, Eifersucht, Neid und Hass. Das Wort ist reine Magie – das mächtigste Geschenk, das uns Menschen gegeben wurde – und wir benutzen es gegen uns selbst. Wir planen Rache. Wir schaffen Chaos und Unglück mit unserem Wort. Wir benutzen das Wort, um Hass zwischen verschiedenen Rassen, verschiedenen Menschen, zwischen Familien und zwischen Nationen zu säen. Wir missbrauchen das Wort viel zu oft und durch diesen Missbrauch erschaffen wir den Traum der Hölle und erhalten ihn aufrecht. Durch den Missbrauch des Wortes ziehen wir uns gegenseitig herab in einen Zustand von Angst und Zweifel. Da das Wort die dem Menschen eigene Zauberkraft und der Missbrauch des Wortes schwarze Magie ist, bedeutet dies, dass wir fast ständig schwarze Magie ausüben, ohne zu wissen, dass unser Wort überhaupt eine solche magische Kraft besitzt.

Nehmen wir zum Beispiel eine Frau, intelligent und mit einem warmen Herzen. Sie hat eine kleine Tochter, die sie liebt und vergöttert. Doch eines Abends kam sie nach einem anstrengenden Arbeitstag müde, emotional angespannt und mit schlimmen Kopfschmerzen nach Hause. Sie wollte nur noch Ruhe haben, aber ihre Tochter sang laut vor sich hin und hüpfte glücklich in der Wohnung herum. Die Tochter war sich der Gefühle ihrer Mutter nicht bewusst; sie befand sich in ihrer eigenen Welt, in ihrem eigenen Traum. Sie fühlte sich so wohl und sie hüpfte immer wilder und sang immer lauter, aus reiner Freude und Liebe zum Leben. Sie sang so laut, dass die Kopfschmerzen ihrer Mutter noch schlimmer wurden, und dann kam der Moment, in dem die Mutter die Kontrolle verlor. Wütend blitzte sie ihr kleines Mädchen an und sagte: »Sei still! Du hast eine hässliche Stimme. Kannst du nicht einfach still sein?!«

Die Wahrheit ist, dass die Mutter keinerlei Toleranz mehr für jegliche Art von Geräusch hatte; mit der Stimme des kleinen Mädchens, die gar nicht hässlich war, hatte ihr Ausbruch nichts zu tun. Doch die Tochter glaubte, was ihre Mutter sagte, und in diesem Augenblick gab sie sich selbst ein

Versprechen. Danach sang sie nie mehr, weil sie davon überzeugt war, eine hässliche Stimme zu haben, die jeden stören würde, der sie hörte. Sie wurde scheu, und wenn sie in der Schule gebeten wurde zu singen, lehnte sie ab. Selbst das Reden mit anderen fiel ihr zusehends schwerer. Alles im Leben des kleinen Mädchens veränderte sich aufgrund dieses Versprechens: Sie glaubte, ihre Gefühle unterdrücken zu müssen, um akzeptiert und geliebt zu werden.

Wann immer wir eine Meinung hören und sie glauben, treffen wir eine Vereinbarung mit uns selbst, die dann Teil unseres Glaubenssystems wird: Das kleine Mädchen wuchs heran, und obwohl sie eine wunderschöne Stimme hatte, sang sie nie wieder. Sie entwickelte einen tiefgehenden Komplex wegen einer einzigen Aussage, die von der Person ausgesprochen worden war, die sie am meisten liebte. Doch ihre Mutter merkte nicht, was sie mit ihrem Wort angerichtet hatte. Sie merkte nicht, dass sie schwarze Magie benutzt und einen Fluch über ihre Tochter ausgesprochen hatte. Sie war sich der Macht ihres Wortes nicht bewusst und daher kann man ihr nicht die Schuld geben. Sie tat nur, was ihre eigene Mutter, ihr eigener Vater und andere ihr auf vielerlei Weise angetan hatten. Sie alle hatten ihr Wort missbraucht.

Wie oft fügen wir unseren eigenen Kindern solche Dinge zu? Wir sagen ihnen gedankenlos unsere Meinung und unsere Kinder schleppen diese schwarze Magie jahrelang mit sich herum. Menschen, die uns lieben, belasten uns mit schwarzer Magie, doch sie wissen nicht, was sie dabei tun. Aus diesem Grund müssen wir ihnen vergeben; sie wissen einfach nicht, was sie tun.

Ein anderes Beispiel: Sie wachen am Morgen auf und sind einfach glücklich. Sie fühlen sich so fantastisch, dass Sie ein oder zwei Stunden vor dem Spiegel verbringen und sich besonders schön herrichten. Nun kommt eine Ihrer besten Freundinnen daher und sagt: »Sag mal, was ist denn mit dir passiert? Du siehst ja schlimm aus. Was hast du nur für ein Kleid an; du siehst echt lächerlich aus.« Und schon ist alles anders. Diese Worte reichen aus, Sie völlig in die Hölle zu ziehen. Vielleicht hat Ihnen diese Freundin das nur gesagt, um Ihnen wehzutun. Was ihr gelungen ist. Sie tat Ihnen ihre Meinung kund, hinter der die ganze Macht ihres Wortes steckte. Wenn Sie diese Meinung akzeptieren, wird sie zu einer Vereinbarung, in die Sie Ihre ganze eigene Macht stecken. Damit wird diese Meinung eines anderen zu Ihrer eigenen und zu schwarzer Magie.

Diese Sorte von Flüchen ist schwer loszuwerden. Die einzige Art, einen solchen Bann zu brechen, besteht darin, eine neue Vereinbarung zu treffen, die auf der Wahrheit beruht. Die Wahrheit ist der wichtigste Aspekt beim richtigen Umgang mit Worten. Auf der einen Schneide des Schwertes befinden sich die Lügen, die schwarze Magie erzeugen, und auf der anderen Schneide des Schwertes ist die Wahrheit, die die Macht besitzt, den

Bann der schwarzen Magie zu brechen. Allein die Wahrheit wird uns befreien.

Wenn Sie die täglichen Interaktionen zwischen Menschen betrachten, denken Sie einmal darüber nach, wie oft wir mit unserem Wort andere negativ in unseren Bann ziehen. Im Laufe der Zeit hat sich diese Interaktion zur schlimmsten Form der schwarzen Magie entwickelt: dem so genannten *Klatsch*.

Klatsch ist schwarze Magie in ihrer schlimmsten Form, weil sie pures Gift ist. Wir haben das Klatschen aufgrund einer Vereinbarung gelernt. Als wir Kinder waren, hörten wir, wie die Erwachsenen in unserer Umgebung ständig über andere redeten und rückhaltlos ihre Meinung zum Ausdruck brachten. Sie tratschten sogar über Leute, die sie gar nicht kannten. Gleichzeitig wurde mit diesen Meinungen und Ansichten emotionales Gift an uns weitergegeben und wir lernten dieses Verhalten als eine normale Art der Kommunikation.

Klatschen hat sich zur hauptsächlichen Kommunikationsform in der menschlichen Gesellschaft entwickelt. Durch Klatschen fühlen wir uns anderen Menschen nahe, da es uns ein besseres Gefühl gibt, wenn wir sehen, dass es jemand anderem genauso schlecht geht wie uns. Es gibt ein altes Sprichwort, das besagt: »Unglück liebt Gesellschaft«, und Menschen, die in der Hölle leiden, wollen nicht alleine sein. Angst und Leid sind ein wichtiger Teil vom Traum des Planeten; durch sie gelingt es dem Traum des Planeten, uns unterdrückt zu halten.

Wenn wir die Analogie vom menschlichen Geist als einen Computer benutzen, kann Klatsch mit einem Computervirus verglichen werden. Ein Computervirus ist ein Teil der Computersprache, der in der gleichen Weise wie alle anderen Kodierungen geschrieben ist, hinter dem sich jedoch eine schädliche Absicht verbirgt. Diese Kodierung wird in das Programm Ihres Computers eingefügt, wenn Sie es am wenigsten erwarten – und in der Regel, ohne dass es Ihnen bewusst ist. Ist dieser Code erst einmal aktiviert, funktioniert Ihr Computer nicht mehr richtig, weil die Kodierungen mit so vielen verschiedenen, entgegengesetzten Botschaften vermischt werden, dass der Computer nicht mehr in der Lage ist, korrekte Ergebnisse zu produzieren.

Bei der menschlichen Sucht zum Tratschen verhält es sich genauso. Nehmen wir zum Beispiel an, Sie beginnen einen neuen Kurs bei einem neuen Lehrer, auf den Sie sich schon lange gefreut haben. Am ersten Tag treffen Sie jemanden, der diesen Kurs bereits besucht hat und der Ihnen sagt: »Also, dieser Lehrer ist so ein eingebildeter Trottel! Er hat keine Ahnung, worüber er redet. Außerdem ist er pervers, pass lieber auf!«

Sofort prägen sich Ihnen diese Worte und der emotionale Code der Person ein, die Ihnen diese Information gegeben hat; nicht bewusst ist Ihnen jedoch dabei die Motivation, die derjenige hatte, als er Ihnen seine Meinung über den Lehrer sagte. Vielleicht ist derjenige wütend darüber, dass er den Kurs nicht bestanden hat, oder er stellt eine Behauptung auf, die auf seine Ängste und Vorurteile zurückzuführen ist. Doch da Sie gelernt haben, sich Informationen wie ein Kind einzuverleiben, glaubt ein Teil von Ihnen an diesen Klatsch, wenn Sie schließlich den Kurs besuchen. Während der Lehrer spricht, rührt sich in Ihrem Inneren das emotionale Gift, und Sie merken nicht, dass Sie ihn durch die Augen der Person sehen, die Ihnen diesen Klatsch zugetragen hat. Dann fangen sie an, mit anderen in der Klasse darüber zu reden, und auch diese sehen den Lehrer von nun an mit den gleichen Augen: als Null mit perversen Neigungen. Mittlerweile ist Ihnen der Kurs samt Lehrer zuwider und es dauert nicht lange, bis Sie beschließen, nicht mehr hinzugehen. Sie geben dem Lehrer die Schuld, doch in Wirklichkeit ist die Klatschsucht schuld.

Diese ganze Misere kann durch einen einzigen kleinen Computervirus verursacht werden. Ein winziges Stück Fehlinformation kann die Kommunikation zwischen Menschen zum Erliegen bringen und dafür sorgen, dass jeder, der diese Fehlinformation aufnimmt, infiziert und für andere ansteckend wird. Stellen Sie sich vor, dass jedes Mal, wenn Ihnen jemand irgendeinen Klatsch oder ein Gerücht erzählt, derjenige gleichzeitig einen Computervirus in Ihren Geist einpflanzt, der dazu führt, dass Sie immer weniger klar denken. Dann stellen Sie sich vor, wie Sie bei dem Versuch, Ihre eigene Verwirrung zu klären und sich ein wenig Erleichterung von dem Gift zu verschaffen, selbst zu klatschen beginnen und diese Viren an eine andere Person weitergeben.

Nun stellen Sie sich vor, wie sich dieses Muster in einer nie endenden Kette zwischen allen Menschen auf der Erde immer weiter fortsetzt. Das Resultat ist eine Welt voller Menschen, die ihre Informationen nur durch Kreisläufe erhalten, die mit einem giftigen, ansteckenden Virus infiziert sind. Noch einmal, dieser Virus ist das, was die Tolteken *mitote* genannt haben, das Chaos von tausend verschiedenen Stimmen, die alle gleichzeitig in unserem Inneren zu reden versuchen.

Noch schlimmer sind die schwarzen Magier oder »Computer-Hacker«, die den Virus absichtlich verbreiten. Können Sie sich an eine Gelegenheit erinnern, als Sie auf jemand anderen wütend waren und sich rächen wollten? Um diesen Wunsch nach Rache zu realisieren, redeten Sie vielleicht schlecht über den Betreffenden oder sagten ihm Dinge ins Gesicht mit der Absicht, Gift zu verspritzen und ihn dazu zu bringen, sich schlecht zu fühlen. Als Kinder tun wir das meistens gedankenlos, doch später werden unsere Bemühungen, andere Menschen zu verletzen, immer kalkulierter. Dann hören wir auf die Stimmen in unserem Inneren und sagen, dass der Betreffende eine gerechte Strafe für seine Missetat bekommen hat.

Wenn wir die Welt infiziert durch einen Computervirus betrachten, ist es leicht, selbst das grausamste Verhalten zu rechtfertigen. Was wir dabei nicht sehen, ist die Tatsache, dass der Missbrauch unseres Wortes uns selbst noch tiefer in die Hölle stürzt.

Jahrelang haben wir nicht nur den Klatsch und die Flüche anderer Menschen aufgenommen, sondern auch unsere eigenen Worte. Wir reden ununterbrochen mit uns selbst und meistens sagen wir Dinge wie: »Ich sehe fett aus, ich bin hässlich. Ich werde alt, mir fallen die Haare aus. Ich bin dumm, ich begreife nie was.« Fällt Ihnen auf, wie wir unser Wort gegen uns selbst richten? Wir müssen anfangen zu verstehen, was das Wort *ist* und was Worte *bewirken können*. Wenn Sie das erste Versprechen verstehen und beginnen, *mit Ihrem Wort untadelig und mit Bedacht umzugehen*, werden Sie bald die vielen Veränderungen feststellen, die in Ihrem Leben eintreten. Zunächst einmal Veränderungen in der Art und Weise, wie Sie mit sich selbst umgehen, und später in Ihrem Umgang mit anderen Menschen, insbesondere denjenigen, die Sie am meisten lieben.

Erinnern Sie sich, wie oft Sie über die Menschen, die Ihnen am meisten am Herzen liegen, geklatscht haben, um andere für Ihren Standpunkt einzunehmen? Wie oft haben Sie die Aufmerksamkeit anderer an sich gerissen und Gift über Ihre Liebsten verbreitet, nur um Ihre Meinung als die richtige hinzustellen? Ihre Meinung ist nichts anderes als die Art und Weise, wie *Sie* eine bestimmte Situation sehen. Sie entspricht nicht automatisch der Wahrheit. Ihre Ansicht entspringt Ihrem eigenen Glaubenssystem, Ihrem eigenen Ego und Ihrem eigenen Traum. Wir erzeugen all dieses Gift und infizieren damit andere Menschen, um das Gefühl zu haben, dass unsere Sichtweise die richtige ist.

Wenn wir uns die erste Vereinbarung zu Eigen machen und untadelig mit unserem Wort umgehen, werden unser Geist und unsere Kommunikation irgendwann frei sein von jedem emotionalen Gift in unseren persönlichen Beziehungen, einschließlich denen mit unserem Hund oder unserer Katze.

Untadeligkeit des Wortes wird Ihnen zudem Immunität gegenüber Flüchen anderer Menschen verschaffen. Sie werden nur dann einen negativen Gedanken aufgreifen, wenn Ihr Geist einen fruchtbaren Boden für diese Idee bietet. Sobald Sie untadelig mit Ihrem Wort werden, ist Ihr Geist nicht mehr länger ein fruchtbarer Boden für Worte mit schwarzer Magie. Stattdessen ist er aufnahmebereit für Worte, die der Liebe entspringen. Sie können die Untadeligkeit Ihres Wortes am Grad Ihrer Selbstliebe messen. Wie sehr Sie sich selbst lieben und welches Gefühl Sie zu sich selbst haben, entspricht proportional der Qualität und Integrität Ihres Wortes. Wenn Sie untadelig mit Ihrem Wort sind, fühlen Sie sich gut; Sie sind glücklich und zufrieden.

Sie können den Traum von der Hölle umwandeln, indem Sie sich einfach das Versprechen geben, untadelig mit Ihrem Wort zu sein. In diesem Augenblick pflanze ich dieses Samenkorn in Ihren Geist. Ob dieser Samen wächst oder nicht, hängt von der Fruchtbarkeit Ihres Geistes für die Samen der Liebe ab. Es liegt an Ihnen, diese Vereinbarung mit sich selbst zu treffen: *Ich bin untadelig mit meinem Wort.* Pflegen Sie diesen Samen, und während er in Ihrem Geist wächst, wird er immer mehr Samenkörner der Liebe hervorbringen, die die Samen der Angst ersetzen. Diese erste Vereinbarung wird die Art der Samen verändern, für die Ihr Geist einen fruchtbaren Boden bietet.

Wählen Sie Ihre Worte mit Bedacht und seien Sie untadelig mit Ihrem Wort. Dies ist das erste Versprechen, das Sie sich geben sollten, wenn Sie frei sein wollen, wenn Sie glücklich sein wollen, wenn Sie über die Stufe der Existenz hinauswachsen wollen, die wir als Hölle bezeichnen. Diese Vereinbarung ist sehr kraftvoll. Benutzen Sie Ihr Wort auf die richtige Art. Benutzen Sie Ihr Wort, um Ihrer Liebe Ausdruck zu geben. Benutzen Sie weiße Magie und fangen Sie bei sich selbst damit an. Sagen Sie sich, wie wunderbar Sie sind, wie großartig Sie sind. Sagen Sie sich selbst, wie sehr Sie sich lieben. Benutzen Sie Ihr Wort, um alle diese kleinen schädlichen Vereinbarungen und Versprechen, die Sie gegeben haben und die Ihnen so viel Leid verursachen, aufzulösen.

Es ist möglich. Es ist möglich, weil ich es getan habe, und ich bin nicht besser als Sie. Wir sind genau gleich. Wir haben die gleiche Art von Gehirn, den gleichen Körper; wir sind alle Menschen. Wenn es mir gelungen ist, diese Vereinbarungen aufzulösen und neue zu treffen, dann können Sie es auch. Wenn ich untadelig mit meinem Wort sein kann, warum nicht auch Sie? Allein diese eine Vereinbarung kann Ihr ganzes Leben von Grund auf verändern. Untadeligkeit des Wortes kann zu persönlicher Freiheit führen, zu großem Erfolg und Reichtum; sie kann alle Angst auflösen und sie in Freude und Liebe verwandeln.

Stellen Sie sich einmal vor, was Sie alles mit der Untadeligkeit des Wortes erschaffen können. Mit ihr können Sie den Traum der Angst überwinden und ein völlig anderes Leben führen. Sie können den Himmel auf Erden haben inmitten Tausender von Menschen, die in der Hölle leben, weil Sie dieser Hölle gegenüber immun sind. Sie können das Königreich des Himmels erlangen durch die Einhaltung dieses einen Versprechens: *Wählen Sie Ihre Worte mit Bedacht und seien Sie untadelig mit Ihrem Wort.*

3

Das zweite Versprechen

Nehmen Sie nichts persönlich

Die nächsten drei Versprechen sind in Wahrheit eine Folge der ersten Vereinbarung. Die zweite Vereinbarung lautet: *Nehmen Sie nichts persönlich.*

Was immer in Ihrer Umgebung passiert, nehmen Sie es nicht persönlich. Um ein früheres Beispiel zu wiederholen: Wenn ich Ihnen auf der Straße begegne und sage, ohne Sie zu kennen: »Hallo, Sie sind ja so dumm«, dann hat das im Grunde nichts mit Ihnen zu tun, aber alles mit mir. Wenn Sie meine Aussage persönlich nehmen, dann glauben Sie vielleicht, dass Sie wirklich dumm sind. Vielleicht denken Sie bei sich: »Wieso weiß er das? Kann er hellsehen? Oder kann etwa jeder sehen, wie dumm ich bin?«

Sie nehmen es persönlich, weil Sie auf dem Hintergrund Ihres übernommenen Weltbildes mit dem einverstanden sind, was der andere gesagt hat. Sobald Sie dem zustimmen, sind Sie im Traum von der Hölle gefangen. Die Ursache hierfür ist, dass wir uns persönlich zu wichtig nehmen. Die *persönliche Wichtigkeit* – oder Dinge persönlich zu nehmen – ist der höchste Ausdruck von Egoismus, da wir von der Annahme ausgehen, dass sich alles »um uns« dreht. Während der Zeit unserer Erziehung, unserer Domestizierung, lernen wir, alles persönlich zu nehmen. Wir glauben fälschlicherweise, dass wir für alles verantwortlich sind: Ich, immer ich!

Aber nichts, was andere Menschen tun, hat etwas mit Ihnen zu tun. Sie tun es wegen sich selbst. Alle Menschen leben in ihrem eigenen Traum, in ihrem eigenen Kopf; sie befinden sich in einer völlig anderen Welt als der Ihrigen. Wenn wir etwas persönlich nehmen, gehen wir davon aus, dass der andere weiß, wie es in unserer Welt aussieht: Wir versuchen, ihm unsere Welt aufzuzwingen.

Selbst wenn eine Situation besonders persönlich erscheint, selbst wenn andere Sie direkt beleidigen, hat das nichts mit Ihnen zu tun. Was die Betreffenden sagen, was sie tun und die Meinungen, die sie von sich geben, entsprechen ausschließlich den Vereinbarungen, die sie in ihren eigenen Köpfen getroffen haben. Ihre Sichtweise resultiert aus den Programmierungen, die sie im Laufe ihrer Domestizierung erhalten haben.

Wenn Ihnen jemand seine Meinung mitteilt und sagt: »Hey, bist du aber dick«, dann sollten Sie diese Aussage nicht persönlich nehmen, da in Wirklichkeit diese Person mit ihren eigenen Gefühlen,

Überzeugungen und Ansichten beschäftigt ist. Der Betreffende hat versucht, Sie mit seinem Gift zu treffen, und wenn Sie das persönlich nehmen, verleiben Sie sich dieses Gift ein und machen es sich auf diese Weise zu Eigen. Wenn Sie Dinge persönlich nehmen und sich kränken lassen, werden Sie zu einer leichten Beute für diese Raubtiere, die schwarzen Magier. Diese können Sie leicht mit ein wenig Meinung angeln und Sie mit jedem beliebigen Gift füttern. Da Sie alles persönlich nehmen, verleiben Sie es sich ein.

Sie machen sich all den emotionalen Abfall des anderen zu Eigen, der damit zu Ihrem eigenen Abfall wird. Doch wenn Sie das Gesagte nicht persönlich nehmen, sind Sie mitten in der Hölle immun dagegen. Immunität gegenüber Gift inmitten der Hölle ist das Geschenk dieses Versprechens.

Wenn Sie die Dinge persönlich nehmen, dann fühlen Sie sich angegriffen, und Ihre Reaktion wird darin bestehen, Ihre Überzeugungen zu verteidigen und auf diese Weise Konflikte zu schaffen. Sie machen aus einer Mücke einen Elefanten, da Sie das Bedürfnis haben, im Recht zu sein, während jeder andere im Unrecht ist. Außerdem versuchen Sie angestrengt, Recht zu haben, indem Sie Ihre eigenen Ansichten zum Ausdruck bringen. Doch alles, was Sie fühlen und tun, ist ebenso lediglich eine Projektion Ihres eigenen persönlichen Traumes, eine Reflexion Ihrer eigenen Vereinbarungen. Was Sie sagen, was Sie tun und die Ansichten, die Sie vertreten, entsprechen den Versprechen, die Sie gegeben haben – und diese Ansichten haben nichts mit dem anderen zu tun.

Es ist nicht wichtig für mich, was Sie über mich denken, und ich nehme das, was Sie denken, nicht persönlich. Ich nehme es nicht persönlich, wenn Leute sagen: »Miguel, du bist der Schlimmste«, ich nehme es aber auch nicht persönlich, wenn sie sagen: »Miguel, du bist der Beste.« Ich weiß, dass sie mir, wenn sie glücklich sind, sagen werden: »Miguel, du bist ein solcher Engel!« Doch wenn sie wütend auf mich sind, werden sie rufen: »O, Miguel, du bist ein elender Teufel! Du bist so gemein! Wie kannst du solche Dinge sagen?« In keinem dieser Fälle berühren mich diese Worte, da ich weiß, wer ich bin. Ich habe nicht das Bedürfnis, akzeptiert zu werden. Ich habe nicht das Bedürfnis, von jemandem zu hören: »Miguel, du tust so viel Gutes!«, und habe auch nicht die Angst, zu hören: »Wie konntest du es wagen, so was zu tun!?«

Nein, ich nehme es nicht persönlich. Was immer Sie denken, was immer Sie fühlen – ich weiß, dass es Ihr Problem ist und nicht meines. Es ist die Art und Weise, wie Sie die Welt sehen. Es ist nichts Persönliches, denn es hat etwas mit Ihnen zu tun, nicht mit mir. Andere Menschen werden immer ihre eigene Meinung haben, basierend auf ihrem Glaubens- und Wertesystem, daher hat in Wahrheit nichts von dem, was sie denken, mit mir zu tun, sondern alles mit ihnen.

Sie können mir sogar sagen: »Miguel, es tut mir weh, was du sagst.« Doch es sind nicht meine

Worte, die Ihnen wehtun; vielmehr haben Sie Wunden, die durch das, was ich gesagt habe, aufgerissen werden. Sie tun sich selbst weh. Es ist ausgeschlossen, dass ich Ihre Reaktion persönlich nehme. Das hat nichts damit zu tun, dass ich nicht an Sie glaube oder Ihnen nicht vertraue. Doch ich weiß, dass Sie die Welt mit völlig anderen Augen sehen, mit *Ihren* Augen. Sie erschaffen ein Bild oder einen ganzen Film in Ihrem Kopf und bei diesem Film sind Sie der Regisseur, der Produzent und der Hauptdarsteller. Jeder Außenstehende ist ein Nebendarsteller. Es ist einzig und allein Ihr Film.

Die Art und Weise, wie Sie diesen Film sehen, ist auf die Vereinbarungen zurückzuführen, die Sie mit dem Leben getroffen haben. Ihr Standpunkt ist für Sie etwas sehr Persönliches. Es ist Ihre ureigenste Wahrheit. Daher weiß ich, dass es nur etwas mit Ihnen zu tun hat, wenn Sie wütend auf mich sind. Ich bin Ihre Entschuldigung dafür, dass Sie wütend werden. Und Sie werden wütend, weil Sie Angst haben, denn Sie werden mit Ihrer Angst konfrontiert. Wenn Sie keine Angst haben, ist es ausgeschlossen, dass Sie wütend auf mich werden. Wenn Sie keine Angst haben, ist es ausgeschlossen, dass Sie mich hassen. Wenn Sie keine Angst haben, ist es ausgeschlossen, dss Sie eifersüchtig oder traurig sind.

Wenn Sie angstfrei leben, wenn Sie lieben, dann gibt es in Ihrem Herzen keinen Platz für diese Gefühle. Und wenn Sie keines dieser Gefühle haben, fühlen Sie sich logischerweise gut. Wenn Sie sich gut fühlen, ist alles in Ihrer Umgebung unvergleichlich positiver, harmonischer und schöner. Wenn alles in Ihrer Umgebung gut ist, dann macht es Sie froh und glücklich. Sie lieben alles, was um Sie herum vorgeht, weil Sie sich selbst lieben. Weil Sie sich so lieben, wie Sie sind. Weil Sie mit sich selbst zufrieden sind. Weil Sie mit Ihrem Leben glücklich sind. Sie sind glücklich mit dem Film, den Sie produzieren, glücklich über die Vereinbarungen, die Sie mit dem Leben getroffen, und zufrieden mit den Versprechen, die Sie im Leben gegeben haben. Sie befinden sich in einem Zustand inneren Friedens und Sie sind voller Freude. Sie leben in jenem Zustand der Wonne, in dem alles wunderbar und schön ist. In diesem Zustand der Glückseligkeit befinden Sie sich praktisch in einer Liebesbeziehung mit allem, was Sie wahrnehmen.

Was immer Menschen tun, fühlen, denken oder sagen, *nehmen Sie es nicht persönlich.* Wenn andere Ihnen sagen, wie wunderbar Sie sind, sagen sie das nicht Ihretwegen. Sie wissen, dass Sie wunderbar sind. Es ist nicht nötig, anderen Menschen zu glauben, die Ihnen sagen, dass Sie wunderbar sind. Nehmen Sie *nichts* persönlich. Sogar wenn jemand eine Pistole genommen und Ihnen damit in den Kopf geschossen hat, war das nichts Persönliches, auch wenn es sich dabei um einen Extremfall handelt.

Selbst die Meinungen, die Sie über *sich selbst* haben, sind nicht notwendigerweise wahr; daher sollten Sie nicht alles, was Sie in Ihrem eigenen Kopf hören, persönlich nehmen. Der Verstand hat die Fähigkeit, mit sich selbst zu reden, doch er ist auch in der Lage, Informationen aufzunehmen, die ihm von anderen Ebenen zufließen. Manchmal hören Sie eine Stimme in Ihrem Inneren und fragen sich, woher sie wohl kommt. Diese Stimme mag von einer anderen Ebene gekommen sein, die von Lebewesen bevölkert ist, die unserem menschlichen Geist sehr ähnlich sind. Die Tolteken nannten diese Wesen *Verbündete*. In Europa, Afrika und Indien wurden sie *Gottheiten* genannt.

Unser Geist existiert auch im Bereich der Götter. Unser Geist lebt auch in jener Realität und kann sie wahrnehmen. Der Geist sieht mit den Augen und nimmt die bewusste Realität wahr, in der wir leben. Doch der Geist sieht und nimmt auch ohne die Augen wahr, obwohl der Verstand sich dieser Wahrnehmung kaum bewusst ist. Der Geist lebt in mehr als einer Dimension. Zuweilen gibt es Momente, in denen Ihnen Gedanken kommen, die ihren Ursprung nicht in Ihrem Geist haben, doch Sie empfangen sie in Ihrem Geist. Sie haben das Recht, diesen Stimmen Gehör zu schenken und das, was sie sagen, nicht persönlich zu nehmen. Wir haben die Wahl, ob wir den Stimmen in unserem Kopf Aufmerksamkeit schenken wollen, genauso wie wir wählen können, was wir glauben und womit wir im Traum des Planeten einverstanden sind.

Darüber hinaus kann der Geist mit sich selbst reden und sich selbst zuhören. Der Geist ist auf die gleiche Weise zweigeteilt wie Ihr Körper. Genauso wie Sie sagen können: »Ich habe zwei Hände und ich kann die eine mit der anderen schütteln«, kann der Geist mit sich selbst reden. Ein Teil des Geistes redet und der andere Teil hört zu. Es ist ein großes Problem, wenn tausend Teile Ihres Geistes alle auf einmal reden. Das nennt man *mitote.* Erinnern Sie sich?

Das *mitote* kann mit einem riesigen Marktplatz verglichen werden, wo Tausende von Menschen gleichzeitig reden und Handel treiben. Jeder von ihnen hat andere Gedanken und Gefühle, jeder Einzelne vertritt eine andere Meinung. Die Programmierungen des Geistes – all die Vereinbarungen, die wir getroffen haben – sind nicht unbedingt miteinander vereinbar. Jede Vereinbarung ist wie ein separates lebendiges Wesen; sie hat ihre eigene Persönlichkeit und ihre eigene Stimme. Es gibt widersprüchliche Vereinbarungen, die sich gegen andere Vereinbarungen richten, und immer so weiter, bis es im Kopf zu einem regelrechten Krieg kommt. Das *mitote* ist der Grund, warum Menschen kaum jemals wissen, was sie wollen, wie sie es wollen oder wann sie es wollen. Sie stimmen mit sich selbst nicht überein, weil Teile ihres Geistes eine Sache wollen und andere Teile das genaue Gegenteil.

Ein bestimmter Teil des Geistes hat Einwände gegenüber gewissen Gedanken und Handlungen und ein anderer Teil unterstützt die Handlungen des entgegengesetzten Gedankens. Alle diese kleinen Lebewesen kreieren einen inneren Konflikt, da sie lebendig sind und über eine Stimme verfügen. Nur indem wir eine Inventur unserer Vereinbarungen vornehmen, können wir all die Konflikte in unserem Geist aufdecken und irgendwann Ordnung in das Chaos des *mitote* bringen.

Nehmen Sie nichts persönlich, denn wenn Sie Dinge persönlich nehmen, verursachen Sie sich selbst damit unnötiges Leiden. Die Menschen sind zu verschiedenen Graden süchtig nach Leid und wir unterstützen einander dabei, diese Süchte aufrechtzuerhalten. Die Menschen sind einverstanden, einander beim Leiden zu helfen. Wenn Sie das Bedürfnis haben, von anderen missbraucht zu werden, werden Sie keine Schwierigkeiten haben, jemanden zu finden, der dieses Bedürfnis erfüllt. Genauso verhält es sich, wenn Sie mit Personen zu tun haben, die leiden wollen: Etwas in ihnen sorgt dafür, dass Sie sie schlecht behandeln. Es ist so, als hätten die Betreffenden einen Zettel auf dem Rücken, worauf steht: »Bitte, trete mich.« Sie verlangen nach Rechtfertigung für ihr Leiden. Ihre Sucht nach Leiden ist nichts anderes als eine Vereinbarung, die jeden Tag aufs Neue getroffen wird.

Wo immer Sie hingehen, werden Sie Menschen finden, die Sie anlügen, und im gleichen Maße, wie sich Ihr Bewusstsein erweitert, werden Sie feststellen, dass Sie sich auch selbst belügen. Erwarten Sie nicht von anderen, die Wahrheit zu sagen, denn auch Sie belügen sich selbst. Sie müssen sich selbst vertrauen und dann entscheiden, ob Sie den Worten eines anderen glauben wollen oder nicht.

Wenn wir die Menschen so sehen, wie sie sind, ohne es persönlich zu nehmen, können sie uns mit dem, was sie sagen oder tun, niemals verletzen. Selbst wenn andere Sie belügen, ist das kein Problem. Die Betreffenden belügen Sie, weil sie Angst haben. Sie haben Angst, Sie könnten entdecken, dass sie nicht perfekt sind. Es tut weh, diese gesellschaftliche Maske abzunehmen. Wenn jemand eine Sache sagt, doch etwas anderes tut, dann belügen Sie sich selbst, wenn Sie nicht auf die Handlungen des Betreffenden achten. Wenn Sie mit sich selbst ehrlich sind, werden Sie sich eine Menge emotionaler Schmerzen ersparen. Sich selbst die Wahrheit über eine Situation zu sagen, mag wehtun, doch Sie müssen nicht an diesem Schmerz festhalten. Die Heilung ist nahe und es ist nur noch eine Frage der Zeit, bis die Dinge für Sie besser werden.

Wenn jemand Sie nicht mit Liebe und Respekt behandelt, dann ist es ein Segen, wenn derjenige sich von Ihnen zurückzieht. Sollte der Betreffende sich nicht zurückziehen, werden Sie mit Sicherheit viele leidvolle Jahre mit diesem Menschen ertragen müssen. Wenn derjenige Sie verlässt, wird das vielleicht eine Weile wehtun, doch irgendwann wird Ihr Herz geheilt sein. Dann können Sie wählen, was Sie wirklich wollen. Sie werden feststellen, dass es nicht so wichtig ist, anderen zu vertrauen, sondern wesentlich wichtiger, sich selbst zu vertrauen, dass man die richtigen Entscheidungen trifft.

Wenn Sie es sich zur unerschütterlichen Gewohnheit machen, nichts persönlich zu nehmen, werden Sie sich in Ihrem Leben viel Ärger ersparen. Gefühle wie Wut, Eifersucht und Neid werden verschwinden und selbst Ihre Traurigkeit wird sich einfach auflösen, wenn Sie die Dinge nicht mehr persönlich nehmen.

Wenn Sie in der Lage sind, dieses zweite Versprechen einzuhalten, werden Sie feststellen, dass es nichts gibt, was Sie in die Hölle zurückstoßen kann. Wenn Sie nichts mehr persönlich nehmen, erlangen Sie eine ungeheure Freiheit. Sie werden immun gegenüber Schwarzmagiern und kein Fluch oder Bann kann Ihnen etwas anhaben, egal wie mächtig er sein mag. Die ganze Welt kann über Sie klatschen, doch wenn Sie es nicht persönlich nehmen, prallt dieser Klatsch an Ihnen ab. Jemand kann Ihnen absichtlich emotionales Gift senden, doch wenn Sie es nicht persönlich nehmen, werden Sie es sich nicht einverleiben. Wenn Sie das emotionale Gift nicht annehmen, kehrt es noch giftiger zu seinem Urheber zurück, doch Ihnen wird es nichts anhaben können.

Daraus können Sie erkennen, wie wichtig diese Vereinbarung ist. Nichts persönlich zu nehmen, hilft Ihnen, viele Gewohnheiten und routinemäßige Verhaltensweisen abzulegen, die Sie im Traum von der Hölle gefangen halten und endloses Leiden verursachen. Indem Sie einfach nur dieses zweite Versprechen einhalten, fangen Sie an, Dutzende von winzigen, scheinbar unwichtigen Vereinbarungen aufzulösen, unter denen Sie leiden. Und selbst wenn Sie nur die ersten beiden Versprechen einhalten, werden Sie fünfundsiebzig Prozent dieser kleinen Vereinbarungen unterbinden, die Sie in der Hölle gefangen halten.

Schreiben Sie dieses Versprechen auf ein Blatt Papier und befestigen Sie es an Ihrem Kühlschrank, damit Sie es jederzeit lesen und sich daran erinnern können: *Nehmen Sie nichts persönlich.*

Wenn Sie sich diese Empfehlung zur Gewohnheit machen, müssen Sie Ihr Vertrauen nicht mehr in das setzen, was andere sagen oder tun. Sie müssen nur noch sich selbst vertrauen, verantwortungsbewusste Entscheidungen zu treffen. Sie sind niemals für die Handlungen anderer Menschen verantwortlich; Sie sind nur sich selbst gegenüber verantwortlich. Wenn Sie diese Tatsache wirklich begriffen haben und es ablehnen, Dinge persönlich zu nehmen, können Ihnen die gedankenlosen Kommentare oder Handlungen anderer kaum noch etwas anhaben.

Wenn Sie diese Vereinbarung einhalten, können Sie mit völlig offenem Herzen durch die Welt reisen, und niemand kann Ihnen wehtun. Sie können sagen: »Ich liebe dich«, ohne Angst zu haben, lächerlich gemacht oder abgelehnt zu werden. Sie können um das bitten, was Sie brauchen. Sie können Ja sagen oder Sie können Nein sagen – was immer Sie wollen – ohne Schuldgefühle oder Selbstverurteilung. Sie können wählen, stets Ihrem Herzen zu folgen. Dann können Sie mitten in der Hölle sein und dennoch inneren Frieden und Glückseligkeit empfinden. Es wird Ihnen möglich sein, in diesem Zustand der Freude zu verweilen, und die Hölle wird Ihnen nicht das Geringste anhaben können.

4

Das dritte Versprechen

Ziehen Sie keine voreiligen Schlüsse

Das dritte Versprechen lautet, keine voreiligen Schlüsse zu ziehen.

Wir haben die Neigung, bei allem voreilige Schlüsse zu ziehen. Das Problem ist, dass wir *glauben*, diese voreilig getroffenen Schlüsse seien die Wahrheit. Wir könnten schwören, dass sie wahr sind. Wir ziehen Schlüsse über das, was andere tun oder denken – indem wir es persönlich nehmen –, woraufhin wir den Betreffenden die Schuld geben und reagieren, indem wir ihnen mit unseren Worten emotionales Gift senden. Das ist der Grund, warum wir Probleme heraufbeschwören, sobald wir voreilige Schlüsse ziehen. Wir gehen von einer Annahme aus, wir missverstehen die Situation, wir nehmen die Worte oder Taten eines anderen persönlich, und am Ende erschaffen wir ein Riesendrama für nichts und wieder nichts.

Alle Traurigkeit und viele Dramen, die Sie in

Ihrem Leben erlitten haben, wurzeln in der Tatsache, dass Sie voreilige Schlüsse gezogen und Dinge persönlich genommen haben. Nehmen Sie sich einen Moment Zeit und denken Sie über die Wahrheit dieser Bemerkung nach. Die ganze Welt der Kontrolle zwischen den Menschen dreht sich um Annahmen und darum, Dinge immer persönlich zu nehmen und auf sich selbst zu beziehen. Unser Traum von der Hölle basiert ausschließlich darauf.

Wir erzeugen eine Menge emotionales Gift, indem wir voreilige Schlüsse ziehen und die Dinge persönlich nehmen, weil wir in der Regel jeden Klatsch mit nichts als vagen Annahmen beginnen. Über andere zu reden und zu tratschen ist die Art, wie wir im Traum von der Hölle miteinander kommunizieren und Gift von einer Person zur anderen verbreiten. Da wir Angst haben, um Klärung zu bitten, stellen wir Annahmen auf und glauben, dass wir mit diesen Annahmen Recht haben. Dann verteidigen wir unsere Annahmen und versuchen, jemand anderen in ein schlechtes Licht zu setzen. Es ist immer besser, Fragen zu stellen, als einen voreiligen Schluss zu ziehen, da diese voreiligen Schlüsse uns nur Leid bringen.

Das große *mitote* im menschlichen Geist schafft eine Menge Chaos, was uns dazu bringt, alles und jeden falsch zu interpretieren und misszuverstehen. Wir sehen nur, was wir sehen wollen, und hören nur, was wir hören wollen. Wir nehmen die Dinge nicht wahr, wie sie wirklich sind. Wir haben die Angewohnheit, ohne eine realistische Basis zu träumen. Wir erträumen buchstäblich Dinge in unserer Vorstellungskraft. Wenn wir eine Sache nicht verstehen, stellen wir eine Annahme in Bezug auf ihre Bedeutung auf. Wenn die Wahrheit herauskommt, zerplatzt die Seifenblase unseres Traumes, und wir stellen fest, dass es sich in Wirklichkeit nicht so verhält, wie wir gedacht hatten.

Ein Beispiel: Sie sind im Kaufhaus und sehen einen Menschen, der Ihnen gefällt. Der Betreffende dreht sich zu Ihnen um, lächelt und geht weiter. Sie können eine Menge voreiliger Schlüsse ziehen, nur aufgrund dieses einen Erlebnisses. Mit diesen Schlüssen können Sie eine vollständige Fantasiesituation aufbauen. Und Sie wollen unbedingt an diese Fantasie glauben und sie wahr werden lassen. Ein ganzer Traum beginnt sich aufgrund dieser Annahme zu entwickeln, der Sie glauben lässt: »Oh, dieser Mensch mag mich wirklich gerne.« In Ihrem Kopf nimmt eine richtige Beziehung ihren Anfang. Vielleicht heiraten Sie in diesem Fantasieland sogar. Doch die Fantasie lebt nur in *Ihrem* Kopf, in Ihrem persönlichen Traum.

Bei menschlichen Beziehungen von Annahmen auszugehen und voreilige Schlüsse zu ziehen bedeutet, echte Probleme heraufzubeschwören. Oft gehen wir davon aus, dass unsere Partner wissen, was wir denken, und dass wir ihnen nicht sagen müssen, was wir wollen. Wir nehmen an, dass sie das tun werden, was wir von ihnen erwarten, da sie uns so gut kennen. Wenn sie das nicht tun, was wir von ihnen erwarten, fühlen wir uns verletzt und sagen: »Das hättest du doch wissen müssen.«

Ein anderes Beispiel: Sie beschließen zu heiraten und gehen von der Annahme aus, dass Ihr Partner die gleichen Vorstellungen von der Ehe hat wie Sie. Dann leben Sie zusammen und stellen fest, dass dem nicht so ist. Dies ruft schwere Konflikte hervor, doch Sie versuchen noch immer nicht, Ihre Vorstellungen in Bezug auf die Ehe zu klären. Der Ehemann kommt zum Beispiel von der Arbeit nach Hause; seine Frau ist sauer und der Mann weiß nicht, warum. Vielleicht liegt es daran, dass die Ehefrau von einer bestimmten Annahme ausgegangen ist. Ohne ihrem Mann zu sagen, was sie will, geht sie davon aus, dass er sie so gut kennt, dass er weiß, was sie will, so als könne er ihre Gedanken lesen. Sie ist dann verstimmt, weil er es versäumt hat, ihren Erwartungen gerecht zu werden. In zwischenmenschlichen Beziehungen von Annahmen auszugehen, führt zu vielen Kämpfen, großen Schwierigkeiten und zahllosen Missverständnissen mit Personen, die wir angeblich lieben.

Wir neigen dazu, in jeder Art von Beziehung von der Annahme auszugehen, dass andere wissen, was wir denken, und wir ihnen nicht sagen müssen, was wir wollen. Die anderen werden tun, was wir von ihnen erwarten, weil sie uns ja so gut kennen. Und wenn sie nicht das tun, was wir gerne hätten, fühlen wir uns verletzt und denken: »Wie konntest du so etwas tun? Du solltest es doch eigentlich wissen.« Noch einmal: Wir gehen davon aus, dass die andere Person weiß, was wir wollen. Diese Annahme führt zu einem großen Drama, was wiederum zu weiteren Annahmen führt.

Es ist sehr interessant zu sehen, wie der menschliche Verstand arbeitet. Wir haben das Bedürfnis, alles zu rechtfertigen, zu erklären und zu verstehen, um uns sicher zu fühlen. Wir haben Millionen von Fragen, die beantwortet werden wollen, da es so viele Dinge gibt, die der logische Verstand nicht erklären kann. Es ist nicht wichtig, ob die Antwort richtig ist; allein eine Antwort gibt uns schon ein Gefühl von Sicherheit. Das ist der Grund, warum wir voreilige Schlüsse ziehen und von Annahmen ausgehen.

Wenn andere uns etwas erzählen, sehen wir uns veranlasst, Annahmen aufzustellen; und wenn sie uns nichts erzählen, stellen wir auch Annahmen auf, um unser Verlangen nach Wissen zu stillen und das Bedürfnis nach Kommunikation dadurch zu ersetzen. Selbst wenn wir etwas hören und es nicht verstehen, ziehen wir unsere Schlüsse im Hinblick auf die Bedeutung des Gesagten und glauben dann an unsere voreilig gezogenen Schlüsse. Wir stellen alle Arten von Annahmen auf, weil wir nicht den Mut haben, Fragen zu stellen.

Diese Annahmen werden in der Regel so schnell und unbewusst getroffen, weil wir Vereinbarungen eingegangen sind, auf diese Weise zu kommunizieren. Wir haben zugestimmt, dass es nicht sicher ist, Fragen zu stellen; wir haben zugestimmt, dass Menschen wissen sollten, was wir wollen oder wie wir uns fühlen, wenn sie uns wirklich lieben. Wenn wir etwas glauben, gehen wir davon aus, dass wir damit Recht haben, bis hin zu der Bereitschaft, Beziehungen zu zerstören, nur um unsere Position zu verteidigen.

Wir gehen von der Annahme aus, dass alle anderen das Leben auf die gleiche Weise sehen wie wir. Wir denken, dass andere genauso denken wie wir, fühlen wie wir, urteilen wie wir und missbrauchen wie wir. Dies ist die verhängnivollste Annahme, die ein Mensch treffen kann. Und sie ist der Grund, warum wir Angst haben, in Gegenwart von anderen wirklich wir selbst zu sein: da wir denken, jeder wird uns verurteilen, zu Opfern machen, uns missbrauchen und schuldig sprechen, so wie wir es mit uns selbst tun. Bevor andere daher die Möglichkeit haben, uns abzulehnen, haben wir uns schon selbst abgelehnt. So arbeitet der menschliche Verstand.

Darüber hinaus ziehen wir oft voreilige Schlüsse über uns selbst, was eine Menge innerer Konflikte schafft: »Ich glaube, dass ich dies oder jenes tun kann.« Sie stellen zum Beispiel diese Annahme auf und entdecken dann, dass Sie es nicht tun können. Sie überschätzen oder unterschätzen Ihre Fähigkeiten, weil Sie sich nicht die Zeit genommen haben, sich selbst Fragen zu stellen und sie zu beantworten. Vielleicht müssen Sie über eine bestimmte Situation mehr Fakten sammeln. Oder vielleicht müssen Sie aufhören, sich selbst darüber zu belügen, was Sie wirklich wollen.

Wenn Sie eine Beziehung mit jemandem eingehen, der Ihnen am Herzen liegt, müssen Sie oftmals vor sich selbst rechtfertigen, warum Sie den Betreffenden mögen. Sie sehen nur das, was Sie sehen wollen, und verleugnen, dass es Dinge gibt, die Sie an demjenigen nicht mögen. Dann stellen Sie Annahmen auf, von denen eine lautet: »Meine Liebe wird diesen Menschen ändern.« Doch das ist nicht richtig. Ihre Liebe wird niemanden ändern. Wenn andere sich ändern, dann nur deswegen, weil sie sich ändern wollen, und nicht, weil Sie sie ändern können. Und so passiert etwas zwischen Ihnen beiden und Sie fühlen sich verletzt. Plötzlich sehen Sie, was Sie vorher nicht sehen wollten, nur ist es jetzt verstärkt durch emotionales Gift. Nun müssen Sie Ihren emotionalen Schmerz rechtfertigen und geben dem anderen die Schuld an Ihren Entscheidungen.

Es ist nicht nötig, dass wir Liebe rechtfertigen; sie ist entweder da oder nicht. Echte Liebe bedeutet, andere Menschen so zu akzeptieren, wie sie sind, ohne den Versuch, sie zu ändern. Wenn wir versuchen, sie zu ändern, bringen wir damit zum Ausdruck, dass wir sie nicht wirklich lieben. Wenn Sie beschließen, mit jemandem zusammenzuleben, wenn Sie also diese Vereinbarung eingehen, dann ist es immer besser, diese Vereinbarung mit jemandem einzugehen, der genauso ist, wie es Ihren Vorstellungen entspricht. Finden Sie jemanden, bei dem Sie nicht das Bedürfnis verspüren, ihn ändern zu müssen. Es ist wesentlich einfacher, jemanden zu finden, der bereits so ist, wie Sie sich das wünschen, anstatt zu versuchen, den Betreffenden zu ändern. Darüber hinaus muss derjenige Sie genau so lieben, wie Sie sind, damit er nicht seinerseits den Wunsch hat, *Sie* zu ändern. Wenn andere meinen, Sie ändern zu müssen, bedeutet das, dass sie Sie nicht so lieben, wie Sie sind. Warum also mit jemandem zusammen sein, wenn Sie nicht so sind, wie der andere Sie gerne möchte?

Wir müssen sein, wer wir sind, damit wir anderen kein falsches Image präsentieren. Wenn jemand Sie so liebt, wie Sie sind, dann »okay, nimm mich«. Wenn jemand Sie nicht so liebt, wie Sie sind, dann »okay, wiedersehen. Ich finde jemand anderen«. Das mag hart klingen, doch diese Art der Kommunikation bedeutet, dass die persönlichen Vereinbarungen, die wir mit anderen Menschen eingehen, klar und untadelig sind.

Gönnen Sie sich das Vergnügen und stellen Sie sich den Tag vor, an dem Sie aufhören, irgendwelche Annahmen über Ihren Partner aufzustellen – und früher oder später mit jedem, der in Ihr Leben tritt. Ihre Art der Kommunikation wird sich von Grund auf verändern. Ihre Beziehungen werden nicht mehr unter den aus voreilig gezogenen Schlüssen resultierenden Konflikten leiden.

Die Art und Weise, wie Sie sich am besten von diesen Dingen fern halten können, besteht darin, Fragen zu stellen. Sorgen Sie dafür, dass die Kommunikation klar ist. Wenn Sie etwas nicht verstehen, fragen Sie. Haben Sie den Mut, Fragen zu stellen, so lange, bis Sie alles verstanden haben. Aber auch dann können sie nicht davon ausgehen, dass Sie alles wissen, was es in einer bestimmten Situation zu wissen gibt. Seien Sie sich dessen immer bewusst. Aber im Prinzip gilt, wenn Sie die Antwort auf Ihre letzte Frage hören, werden Sie keine voreiligen Schlüsse mehr ziehen müssen, da Sie die Wahrheit kennen.

Finden Sie Ihre Stimme, damit Sie um das bitten können, was Sie wollen. Jeder hat das Recht, Ihnen zu antworten oder auch nicht, doch Sie haben immer das Recht zu fragen. Gleichermaßen hat jeder das Recht, Sie zu fragen oder zu bitten, und Sie haben ebenso das Recht, mit Ja oder Nein zu antworten.

Wenn Sie etwas nicht verstehen, ist es besser, wenn Sie fragen und sich Klarheit verschaffen, anstatt von einer Voraussetzung auszugehen. An dem Tag, an dem Sie aufhören, von Voraussetzungen auszugehen, werden Sie klar und deutlich kommunizieren, frei von emotionalem Gift. Und wenn Sie keine voreiligen Schlüsse mehr ziehen, wird Ihr Wort untadelig sein.

Mit klarer Kommunikation werden sich alle Ihre Beziehungen verändern, nicht nur mit Ihrem Partner, sondern mit allen Menschen. Sie werden keine voreiligen Schlüsse mehr ziehen müssen, weil Sie alles so sehen, wie es wirklich ist: Das ist es, was ich will; und das ist das, was der andere will. Wenn wir auf diese Weise miteinander kommunizieren, wird unser Wort untadelig. Wenn alle Menschen so miteinander reden könnten, dann gäbe es keine Kriege, keine Gewalt, keine Missverständnisse. Alle Probleme der Menschen wären gelöst, wenn sie einfach deutlich und klar miteinander kommunizieren könnten.

Dies ist also das dritte Versprechen: *Ziehen Sie keine voreiligen Schlüsse.* Das klingt zunächst sehr einfach, doch ich weiß, dass es schwierig durchzuführen ist. Es ist schwierig, weil wir so oft genau das Gegenteil tun. Wir haben so viele Gewohnheiten und Automatismen, die uns nicht einmal bewusst sind. Uns diese bewusst zu machen und die Wichtigkeit dieses Versprechens zu verstehen ist der erste Schritt. Doch reicht es nicht aus, seine Wichtigkeit einfach nur zu verstehen. Eine Information oder eine Idee ist lediglich ein Samenkorn in Ihrem Geist. Was wirklich einen Unterschied bewirkt und zu einer Veränderung führt, ist die Tat. Sich immer wieder und wieder entsprechend zu verhalten, stärkt Ihren Willen, nährt den Samen und führt zu einem soliden Fundament, auf dem diese neuen Vereinbarungen wachsen können. Nach vielen Wiederholungen werden diese neuen Vereinbarungen schließlich zu Ihrer zweiten Natur und Sie werden sehen, wie die Zauberkraft Ihres Wortes Sie von einem Schwarzmagier in einen Weißmagier verwandelt.

Ein Weißmagier benutzt das Wort, um etwas zu erschaffen, um zu geben, sich mitzuteilen und zu lieben. Wenn Sie sich diese eine Vereinbarung zur

Gewohnheit machen, wird Ihr ganzes Leben von Grund auf transformiert.

Und wenn Sie Ihren eigenen Traum transformieren, werden in Ihrem Leben magische Dinge passieren. Was Sie brauchen, kommt problemlos zu Ihnen, weil der Geist sich frei durch Sie bewegen kann. Dies ist die Meisterschaft der gezielten Absicht, die Meisterschaft des Geistes, die Meisterschaft der Liebe, die Meisterschaft der Dankbarkeit und die Meisterschaft des Lebens. Dies ist das Ziel der Tolteken, der Weg zu persönlicher Freiheit.

5

Das vierte Versprechen

Tun Sie immer Ihr Bestmögliches

Es gibt nur noch ein einziges weiteres Versprechen. Doch es ist dasjenige, das die Kraft hat, die anderen drei zu tief verwurzelten Gewohnheiten werden zu lassen. Das vierte Versprechen bezieht sich auf die Anwendung der ersten drei: *Tun Sie immer Ihr Bestmögliches.*

Tun Sie in jeder Situation, unter allen Bedingungen immer Ihr Bestes, nicht mehr und nicht weniger. Doch vergessen Sie nicht, dass Ihre Leistungsfähigkeit nicht konstant ist, sondern sich von einem Moment zum nächsten verändert. Alles ist lebendig und folglich ständigen Veränderungen unterworfen. Daher wird Ihr Bestes manchmal von hoher Qualität sein und zu anderen Zeiten nicht so gut. Wenn Sie am Morgen erfrischt und voller Energie aufwachen, wird Ihr Bestes besser sein, als wenn Sie abends müde sind. Ihr Bestes wird unterschiedlich sein, je nachdem, ob Sie krank oder gesund, betrunken oder nüchtern sind. Ihr Bestes wird davon abhängen, ob Sie sich rundherum wohl fühlen und glücklich sind – oder aber wütend, frustriert oder eifersüchtig.

Bei Ihren täglichen Stimmungen kann sich Ihr Bestes von einem Augenblick zum nächsten, von einer Stunde zur nächsten oder von einem Tag zum nächsten völlig verändern. Daneben spielt die Zeit eine Rolle – auch hier wird sich Ihr Bestes im Laufe der Jahre verändern. Wenn Sie sich die vier Versprechen zur Gewohnheit machen, wird Ihr Bestes immer besser werden.

Tun Sie, unabhängig von der Qualität, einfach immer Ihr Bestmögliches – nicht mehr und nicht weniger als das. Wenn Sie zu sehr versuchen, mehr als Ihr Bestes zu tun, werden Sie mehr Energie verbrauchen, als erforderlich ist, und am Ende werden Sie das Gefühl haben, dass Ihr Bestes nicht gut genug ist. Wenn Sie sich überanstrengen, erschöpfen Sie nur Ihren Körper und tun sich nichts Gutes damit, und es wird noch länger dauern, bis Sie Ihr Ziel erreicht haben. Und wenn Sie weniger als Ihr Bestmögliches tun, setzen Sie sich Frustrationen, Selbstverurteilung, Schuldgefühlen und Reue aus.

Tun Sie einfach nur Ihr Bestmögliches – unter allen Umständen und in jeder Situation Ihres Lebens. Es spielt keine Rolle, ob Sie krank oder müde sind. Wenn Sie immer Ihr Bestmögliches tun, dann gibt es keinen Grund für Sie, sich jemals selbst zu verurteilen. Und wenn Sie sich nicht selbst verurteilen, dann ist es ausgeschlossen, dass Sie unter Schuldgefühlen, Scham und Selbstbestrafung leiden. Indem Sie stets Ihr Bestmögliches tun, werden Sie einen starken Bann brechen, unter dem Sie bisher gestanden haben.

Es gab einmal einen Mann, der etwas gegen sein Leiden tun wollte, daher suchte er einen buddhistischen Tempel auf in der Hoffnung, einen Meister zu finden, der ihm helfen konnte. Er ging zu dem Abt und fragte: »Meister, wie lange werde ich brauchen, bis ich geheilt bin, wenn ich jeden Tag vier Stunden meditiere?«

Der Meister schaute ihn an und erwiderte: »Wenn du vier Stunden täglich meditierst, wirst du vielleicht in zehn Jahren geheilt sein.«

Der Mann dachte, er könnte sein Ziel schneller erreichen, und sagte: »O Meister, was wäre, wenn ich jeden Tag acht Stunden meditieren würde, wie lange würde ich dann brauchen, bis ich geheilt bin?«

Der Meister sah ihn an und antwortete: »Wenn du täglich acht Stunden meditierst, wirst du vielleicht in zwanzig Jahren den Zustand der Transzendenz erreichen.«

»Aber warum würde es länger dauern, wenn ich mehr meditiere?«, fragte der Mann erstaunt.

Der Meister erwiderte: »Du bist nicht auf der Welt, um deine Lebensfreude zu opfern. Du bist hier, um zu leben, um glücklich zu sein und um zu lieben. Wenn du in zwei Stunden Meditation dein Bestes tun kannst, stattdessen aber acht Stunden meditierst, wirst du nur ermüden, nicht begreifen, worum es geht, und dein Leben nicht mehr genießen. Tu dein Bestmögliches und vielleicht wirst du dann lernen, dass du leben, lieben und glücklich sein kannst, egal wie lange du meditierst.«

Wenn Sie Ihr Bestmögliches tun, werden Sie ein intensives Leben führen. Sie werden produktiv sein, Sie werden sich selbst gut behandeln, denn Sie werden für Ihre Familie, Ihre Gemeinde und die ganze Welt da sein. Doch es ist die Tat, die Ihnen ein intensives Glücksgefühl geben wird. Wenn Sie immer Ihr Bestes tun, bedeutet das, dass Sie handeln. Ihr Bestmögliches zu tun heißt, dass Sie etwas tun, weil Sie es gerne tun, nicht weil Sie eine Belohnung erwarten. Die meisten Menschen tun genau das Gegenteil: Sie werden nur dann aktiv, wenn ihnen eine Belohnung in Aussicht gestellt wird, und sie genießen ihre Aktivität nicht. Und das ist der Grund, warum sie nicht ihr Bestes tun.

Zum Beispiel gehen die meisten Menschen jeden Morgen zur Arbeit und denken nur an den Zahltag und an das Geld, das sie für die von ihnen geleistete Arbeit bekommen werden. Sie können es kaum erwarten, bis das Wochenende da ist, bis sie ihr Geld bekommen und ein paar Tage nicht mehr arbeiten müssen. Sie arbeiten für die Belohnung, was dazu führt, dass sie ihre Arbeit ablehnen. Sie versuchen, die Arbeit zu vermeiden, was die Angelegenheit nur noch schwieriger macht und dazu führt, dass sie immer weniger ihr Bestes tun.

Sie arbeiten die ganze Woche hindurch sehr hart und leiden unter Ihrer Arbeit. Gleichzeitig leiden Sie darunter, dass Sie nicht das tun, was Sie gerne tun würden oder meinen, tun zu müssen, weil andere sagen, es sei wichtig, in der Freizeit bestimmte Dinge zu machen. Sie sind gezwungen zu arbeiten, weil Sie die Miete bezahlen und Ihre Familie ernähren müssen. Sie müssen sich mit all diesen Frustrationen herumschlagen, und wenn Sie dann Ihr Geld bekommen, können Sie sich nicht darüber freuen. Sie haben zwei Tage frei, um das zu tun, was Sie tun wollen, und was tun Sie? Sie versuchen zu flüchten. Sie sitzen stundenlang vor dem Fernseher oder vielleicht betrinken Sie sich, weil Sie sich selbst nicht mögen. Sie sind mit Ihrem Leben nicht zufrieden. Es gibt viele Möglichkeiten, wie wir uns selbst wehtun können, wenn uns nicht gefällt, wer wir sind.

Wenn Sie andererseits Dinge tun, weil Sie sie tun wollen, ohne eine Belohnung dafür zu erwarten, werden Sie feststellen, dass Sie alles, was Sie tun, genießen. Belohnungen werden sich einstellen, doch Sie sind nicht davon abhängig. Sie können sogar mehr bekommen, als Sie sich je erträumten, obwohl Sie keine Belohnung erwartet hatten. Wenn wir das, was wir tun, gerne tun, wenn wir immer unser Bestmögliches geben, dann genießen wir unser Leben wirklich. Es macht uns Spaß, es kommt keine Langeweile auf und Frustrationen kennen wir nicht.

Wenn Sie Ihr Bestmögliches tun, geben Sie dem

inneren Richter nicht die Möglichkeit, Sie zu beschämen oder schuldig zu sprechen. Wenn Sie Ihr Bestes gegeben haben und der Richter versucht, Sie entsprechend Ihrem inneren Gesetzbuch zu richten, können Sie ihm antworten: »Ich habe mein Bestes getan.« Dann gibt es kein Bedauern. Das ist der Grund, warum wir immer unser Bestes tun sollten. Diese Vereinbarung ist nicht leicht einzuhalten, doch mit ihrer Hilfe werden Sie Ihre Freiheit erlangen.

Wenn Sie Ihr Bestmögliches tun, lernen Sie, sich selbst zu akzeptieren. Doch müssen Sie wachsam sein und aus Ihren Fehlern lernen. Das Lernen aus den eigenen Fehlern bedeutet, dass Sie die Vereinbarung praktizieren, sich ehrlich die Resultate anschauen und sie weiter praktizieren. Auf diese Weise wächst Ihr Bewusstsein.

Sein Bestmögliches zu tun fühlt sich nicht wirklich wie Arbeit an, da Sie das, was Sie tun, gerne tun und genießen. Sie wissen, dass Sie Ihr Bestes tun, wenn Ihnen die Aktivität Freude macht oder Sie sie auf eine Weise tun, die keinerlei negative Folgen für Sie hat. Sie tun Ihr Bestes, weil Sie es tun wollen, und nicht, weil Sie es tun müssen; nicht, weil Sie versuchen, den Richter zu besänftigen, und nicht, weil Sie versuchen, anderen Menschen zu gefallen.

Wenn Sie aktiv werden, weil Sie sich dazu gezwungen fühlen, können Sie unmöglich Ihr Bestes geben. Dann ist es besser, es nicht zu tun. Ihr Bestes tun Sie, weil es *Sie selbst* glücklich macht, immer Ihr Bestes zu geben. Wenn Sie Ihr Bestes einfach um des Vergnügens willen tun, das Sie dabei empfinden, dann handeln Sie, weil Sie die Handlung genießen.

Handeln hat etwas damit zu tun, aus dem Vollen zu schöpfen. Durch Nichthandeln zeigen wir, dass wir das Leben verleugnen. Passivität bedeutet, jahrelang täglich vor dem Fernseher zu sitzen, weil man Angst hat, sich lebendig zu fühlen und das Risiko einzugehen, seinem wahren Wesen Ausdruck zu verleihen. Auszudrücken, wer Sie sind, ist gleichbedeutend mit handeln. Sie können viele großartige Ideen im Kopf haben, doch das Entscheidende ist, sie in die Tat umzusetzen. Wenn Sie einer Idee keine Taten folgen lassen, wird es keine Manifestation geben, keine Resultate und keine Belohnung.

Ein gutes Beispiel dafür finden wir in der Geschichte von Forrest Gump. Er hatte keine großartigen Ideen, doch er handelte. Er war glücklich, weil er in jeder Situation immer sein Bestmögliches tat. Er wurde reich belohnt, ohne jemals irgendeine Belohnung zu erwarten. Handeln heißt, lebendig zu sein. Es bedeutet, zu riskieren, in die Welt hinauszugehen und Ihren Traum zu realisieren. Das hat nichts damit zu tun, anderen Menschen Ihren Traum aufzuzwingen. Jeder von uns hat das Recht, seinen eigenen Traum zu realisieren.

Sein Bestmögliches zu tun ist eine der schönsten »Gewohnheiten«, die man haben kann. Ich gebe in allem, was ich tue oder fühle, mein Bestes. Mein

Bestmögliches zu tun ist zu einem Ritual in meinem Leben geworden, da ich beschlossen habe, es zu einem Ritual zu machen. Es ist ein Glaubenssatz wie jeder andere Glaubenssatz, für den ich mich entscheide. Ich mache alles zu einem Ritual für mich und auf diese Weise lasse ich meinen Körper wissen, wie sehr ich ihn liebe. Ich fühle und genieße das Wasser auf meinem Körper. Ich tue mein Bestmögliches, um die Bedürfnisse meines Körpers zu erfüllen. Ich tue mein Bestmögliches, meinem Körper alles zu geben, was er braucht, und das zu empfangen, was mein Körper mir gibt.

In Indien führen die Menschen ein Ritual durch, das *puja* genannt wird. Dabei nehmen sie Statuen, die Gott in vielen verschiedenen Formen darstellen, baden sie, füttern sie und schenken ihnen ihre Liebe. Sie singen sogar Mantras für diese Statuen. Die Statue selbst ist nicht wichtig, sondern vielmehr die Art und Weise, wie das Ritual durchgeführt wird, die Art und Weise, wie die Menschen dabei sagen: »Ich liebe dich, Gott.«

Gott ist Leben. Gott ist Leben in Aktion. Die beste Art, zu sagen: »Ich liebe dich, Gott«, besteht darin, sein Leben zu leben, indem man immer sein Bestmögliches tut. Die beste Art, zu sagen: »Ich danke dir, Gott«, besteht darin, die Vergangenheit loszulassen und in der Gegenwart zu leben, ganz im Hier und Jetzt. Was immer das Leben Ihnen nimmt, lassen Sie es los. Wenn Sie sich ergeben und die Vergangenheit loslassen, erlauben Sie sich selbst, voll in der Gegenwart zu sein. Die Vergangenheit loszulassen bedeutet, dass Sie den Traum genießen können, der jetzt, in diesem Augenblick, passiert.

Wenn Sie in einem Traum von der Vergangenheit leben, können Sie nicht genießen, was jetzt passiert, weil Sie sich immer wünschen, dass es anders sein möge, als es ist. Doch Sie haben keine Zeit, irgendjemanden oder irgendetwas zu vermissen, denn Sie sind lebendig. Nicht zu genießen, was jetzt passiert, heißt, in der Vergangenheit zu leben und nur halb lebendig zu sein. Dieses Verhalten führt zu Selbstmitleid, Schmerz und Tränen.

Sie wurden mit dem Recht geboren, glücklich zu sein. Sie kamen auf die Welt mit dem Recht, zu lieben, zu genießen und Ihre Liebe mit anderen zu teilen. Sie sind lebendig, also nehmen Sie Ihr Leben und genießen Sie es. Widersetzen Sie sich dem Leben nicht, das durch Sie hindurchströmt, denn es ist Gott, der da durch Sie hindurchströmt. Ihre Existenz beweist die Existenz Gottes. Ihre Existenz beweist die Existenz von Leben und Energie.

Es ist nicht nötig, dass wir irgendetwas wissen oder beweisen. Einfach nur zu sein, etwas zu riskieren und Ihr Leben zu genießen ist alles, was zählt. Sagen Sie Nein, wenn Sie Nein sagen wollen, und Ja, wenn Sie Ja sagen wollen. Sie haben das Recht, Sie selbst zu sein. Und Sie können nur wirklich Sie selbst sein, wenn Sie Ihr Bestes tun. Tun Sie es nicht, versagen Sie sich das Recht, Sie selbst zu sein. Dieser Gedanke ist ein Samen, den Sie in Ihren Geist aufnehmen und liebevoll pflegen sollten. Sie brauchen kein besonderes Wissen oder großartige philosophische Konzepte. Es ist nicht nötig, von anderen akzeptiert zu werden. Sie geben Ihrer eigenen Göttlichkeit Ausdruck, indem Sie lebendig sind und sich selbst und andere lieben. Es ist ein Ausdruck Gottes, wenn wir jemandem sagen: »Ich liebe dich.«

Die ersten drei Versprechen werden nur funktionieren, wenn Sie Ihr Bestmögliches tun. Erwarten Sie nicht, dass es Ihnen immer gelingen wird, untadelig mit Ihrem Wort zu sein. Ihre routinemäßigen Gewohnheiten sind zu stark und fest in Ihrem Geist verankert. Doch Sie können Ihr Bestes tun. Erwarten Sie nicht, dass Sie niemals irgendetwas persönlich nehmen werden; tun Sie einfach nur Ihr Bestes. Sie können auch nicht erwarten, dass Sie nie mehr einen voreiligen Schluss ziehen und nicht mehr von Annahmen ausgehen werden, aber Sie können mit Sicherheit Ihr Bestes tun.

Wenn Sie Ihr Bestmögliches geben, wird die Gewohnheit, Ihr Wort zu missbrauchen, Dinge persönlich zu nehmen und von irgendwelchen Annahmen auszugehen, schwächer und im Laufe der Zeit immer seltener. Sie müssen sich nicht selbst verurteilen, schuldig fühlen oder bestrafen, wenn Sie diese Versprechen nicht immer einhalten können. Wenn Sie Ihr Bestmögliches tun, werden Sie sich gut fühlen, selbst wenn Sie nach wie vor voreilige Schlüsse ziehen, Dinge immer noch persönlich nehmen und auch mit Ihrem Wort noch nicht untadelig sind.

Wenn Sie stets Ihr Bestmögliches tun, immer und immer wieder, werden Sie ein Meister der Transformation werden. Übung macht den Meister. Indem Sie Ihr Bestmögliches tun, können Sie zum Meister werden. Alles, was Sie je gelernt haben, haben Sie durch Wiederholung gelernt. Sie haben das Schreiben, das Autofahren und selbst das Gehen durch Wiederholung gelernt. Sie sind ein Meister im Gebrauch Ihrer Muttersprache, da Sie sie so lange geübt haben. Es ist das Handeln, das den Unterschied ausmacht.

Wenn Sie bei der Suche nach persönlicher Freiheit, bei der Suche nach Selbstliebe, Ihr Bestmögliches tun, werden Sie entdecken, dass es nur eine Frage der Zeit ist, bevor Sie finden, wonach Sie suchen. Das hat nichts mit Tagträumerei oder stundenlangem Sitzen in Meditation zu tun. Sie müssen aufstehen und ein Mensch sein. Sie müssen den Mann oder die Frau ehren, der oder die Sie sind. Respektieren Sie Ihren Körper, genießen Sie Ihren Körper, lieben Sie Ihren Körper, nähren, reinigen und heilen Sie Ihren Körper. Nutzen Sie Ihren Körper, treiben Sie Sport, Gymnastik, Tanz und alles, was Ihrem Körper gut tut. Damit zelebrieren Sie eine *puja* für Ihren Körper, und das wiederum ist eine Kommunion zwischen Ihnen und Gott.

Es ist nicht nötig, dass Sie Darstellungen der Jungfrau Maria, von Jesus oder Buddha anbeten. Sie können es tun, wenn Sie wollen und wenn Sie sich gut dabei fühlen. Ihr eigener Körper ist eine Manifestation Gottes, und wenn Sie Ihrem Körper die ihm gebührende Ehre erweisen, wird sich alles in Ihrem Leben positiv verändern. Wenn Sie es sich zur Gewohnheit machen, jeden Teil Ihres Körpers zu lieben, pflanzen Sie Samen der Liebe in Ihrem Geist, und wenn diese wachsen, werden Sie Ihren Körper über alle Maßen lieben, ehren und respektieren.

Dann wird jede Handlung zu einem Ritual, mit dem Sie Gott ehren. Der nächste Schritt besteht dann darin, Gott mit jedem Gedanken, jedem Gefühl, jedem Glaubenssatz zu ehren, selbst damit, was »richtig« oder »falsch« ist. Jeder Gedanke wird dann zu einer Kommunion mit Gott und Sie werden einen Traum leben, in dem es weder Verurteilung noch Ungerechtigkeit gibt und in dem Sie von dem Bedürfnis befreit sind, über andere zu klatschen und sich selbst schlecht zu behandeln.

Wenn Sie diese vier Versprechen einhalten, ist es ausgeschlossen, dass Sie in der Hölle leben. Es ist *gar nicht möglich.* Wenn Sie Ihre Worte mit Bedacht wählen, wenn Sie nichts persönlich nehmen, wenn Sie niemals voreilige Schlüsse ziehen und wenn Sie stets Ihr Bestmögliches tun, werden Sie ein wunderbares Leben führen, das Sie zu hundert Prozent selbst kontrollieren.

Die vier Versprechen bilden die Meisterschaft der Transformation, eine der großen Leistungen der Tolteken. Sie verwandeln die Hölle in den Himmel. Der Traum des Planeten wird in Ihren persönlichen Traum des Himmels verwandelt.

Das Wissen ist da; es wartet nur darauf, von Ihnen angewandt zu werden. Die vier Versprechen sind da: Sie müssen sie lediglich übernehmen und ihre Bedeutung und Macht respektieren.

Tun Sie einfach Ihr Bestmögliches, um diese Versprechen zu ehren. Sie können gleich heute folgende Vereinbarung treffen: Ich beschließe, die vier Versprechen zu achten und einzuhalten. Sie sind so einfach und logisch, dass selbst ein Kind sie verstehen kann. Doch Sie brauchen einen starken Willen, einen ausgeprägt starken Willen, um diese Versprechen einhalten zu können. Warum? Weil wir immer wieder, wohin wir auch gehen, feststellen werden, dass unser Weg voller Hindernisse ist. Jeder wird versuchen, unsere Verpflichtung gegenüber diesen neuen Versprechen zu sabotieren, und alles in unserer Umgebung zielt darauf ab, dass wir sie brechen. Das Problem sind all die anderen Vereinbarungen, die zum Traum des Planeten gehören. Sie existieren und sie haben eine ungeheure Kraft.

Das ist der Grund, warum Sie ein hervorragender Jäger sein müssen, ein makelloser Krieger, der bereit ist, diese vier Versprechen mit seinem Leben zu verteidigen. Ihr Glück, Ihre Freiheit, Ihr ganzes Leben hängt davon ab. Ziel des Kriegers ist es, diese Welt zu transzendieren, dieser Hölle zu entfliehen und nie wieder hierher zurückzukommen. Wie uns die Tolteken lehren, besteht die Belohnung darin, die menschliche Erfahrung des Leidens zu überwinden und die Verkörperung Gottes zu werden.

Wir brauchen wirklich unsere ganze Kraft, um diese Vereinbarungen erfolgreich einzuhalten. Ich selbst habe zunächst nicht geglaubt, dass ich es könnte. Viele Male bin ich gestrauchelt, doch bin ich immer wieder aufgestanden und meinen Weg weitergegangen. Und dann bin ich wieder gefallen und wieder weitergegangen. Ich bin nicht in Selbstmitleid verfallen. Es kam nicht infrage, dass ich mir selbst Leid tat. Ich sagte: »Wenn ich auch stürze, so bin ich doch stark genug, bin ich doch intelligent genug. Ich kann es tun!« Ich rappelte mich auf und ging weiter. Ich strauchelte erneut, stand auf und machte den nächsten Schritt, und jedes Mal fiel es mir leichter. Doch am Anfang war es sehr hart, sehr schwierig.

Wenn Sie also fallen, verurteilen Sie sich nicht. Geben Sie Ihrem inneren Richter nicht die Genugtuung, Sie in ein Opfer zu verwandeln. Nein, seien Sie hart mit sich selbst. Stehen Sie auf und geben Sie erneut das Versprechen: »Also gut, ich habe mein Versprechen gebrochen, untadelig mit meinem Wort zu sein. Ich werde von vorne anfangen. Heute werde ich die vier Versprechen einhalten. Heute werde ich meine Worte mit Bedacht wählen, werde ich nichts persönlich nehmen, werde ich keine voreiligen Schlüsse ziehen und werde ich mein Bestmögliches tun.«

Wenn Sie ein Versprechen nicht einhalten, fangen Sie morgen wieder von vorne an, und am nächsten Tag ebenso. Am Anfang wird es schwierig sein, doch jeden Tag wird es Ihnen ein wenig leichter fallen, bis Sie eines Tages feststellen werden, dass Ihr Leben von diesen vier Vereinbarungen bestimmt wird. Und Sie werden überrascht sein zu entdecken, wie sich Ihr Leben verändert hat.

Es ist nicht nötig, religiös zu sein oder jeden Tag in die Kirche zu gehen. Ihre Liebe und Ihr Selbstrespekt werden einfach immer größer werden. Sie können es tun. Wenn ich es konnte, können Sie es auch. Machen Sie sich keine Sorgen um die Zukunft; richten Sie Ihre ganze Aufmerksamkeit auf den heutigen Tag und bleiben Sie in der Gegenwart präsent. Leben Sie einfach einen Tag nach dem anderen. *Tun Sie immer Ihr Bestmögliches*, um diese Versprechen einzuhalten, und schon bald werden Sie sehen, wie leicht Ihnen das fällt. Heute beginnt ein neuer Traum.

6

DER TOLTEKISCHE WEG ZUR FREIHEIT

Die Auflösung alter Versprechen

Jeder redet von Freiheit. Überall auf der Welt kämpfen verschiedene Völker, verschiedene Rassen, verschiedene Länder um ihre Freiheit. Doch was bedeutet Freiheit? In Amerika glauben wir, in einem freien Land zu leben. Doch sind wir wirklich frei? Haben wir die Freiheit zu sein, wer wir wirklich sind? Die Antwort lautet: Nein, wir sind nicht frei. Wahre Freiheit hat etwas mit dem menschlichen Geist zu tun – sie ist die Freiheit, so zu sein, wie wir wirklich sind.

Wer hält uns davon ab, frei zu sein? Wir geben der Regierung die Schuld, dem Wetter, unseren Eltern, der Religion; selbst Gott ist vor unseren Beschuldigungen nicht sicher. Wer hält uns aber in Wirklichkeit von unserer Freiheit ab? Wir selbst! Was bedeutet es, wirklich frei zu sein? Manchmal heiraten wir und glauben dann, dass wir unsere

Freiheit verlieren; folglich lassen wir uns scheiden, sind dann aber immer noch nicht frei. Was hält uns ab? Warum können wir nicht wir selbst sein?

Wir haben Erinnerungen an eine längst vergangene Zeit, als wir frei waren und diese Freiheit liebten, doch haben wir die wahre Bedeutung von Freiheit vergessen.

Wenn wir ein zwei-, drei- oder selbst noch vierjähriges Kind betrachten, sehen wir einen freien Menschen. Warum ist dieser Mensch frei? Weil dieser Mensch alles tut, was er tun will. Dieser kleine Mensch ist völlig wild. Genau wie eine Blume, ein Baum oder ein Tier, das noch nicht gezähmt wurde. Und wenn wir Menschen beobachten, die zwei Jahre alt sind, sellen wir fest, dass sie meistens ein breites Lächeln auf ihrem Gesicht und jede Menge Spaß haben. Sie entdecken die Welt. Sie haben keine Angst, zu spielen. Sie haben Angst, wenn sie sich wehtun, wenn sie hungrig sind, wenn irgendwelche ihrer Bedürfnisse nicht befriedigt werden; doch sie machen sich keine Sorgen über die Vergangenheit, scheren sich nicht um die Zukunft und leben ausschließlich im Hier und Jetzt.

Sehr kleine Kinder haben keine Angst, auszudrücken, was sie fühlen. Sie sind so voller Liebe, dass sie in Liebe dahinschmelzen, wenn sie Liebe spüren. Sie haben nicht die geringste Angst davor, zu lieben. Das ist die Beschreibung eines normalen menschlichen Wesens. Als Kinder haben wir weder Angst vor der Zukunft noch schämen wir uns wegen der Vergangenheit. Unsere normale menschliche Tendenz ist es, das Leben zu genießen, zu spielen, zu entdecken, glücklich zu sein und zu lieben.

Doch was ist mit den erwachsenen Menschen passiert? Warum sind wir so anders? Warum sind wir nicht wild? Vom Standpunkt des Opfers aus können wir sagen, dass uns etwas Trauriges widerfahren ist, und vom Standpunkt des Kriegers aus können wir sagen, dass das, was passiert ist, normal ist. Das Folgende ist passiert: Wir haben das innere Gesetzbuch, den mächtigen inneren Richter und das Opfer, und diese drei Dinge beherrschen unser Dasein. Wir sind nicht länger frei, weil der Richter, das Opfer und unser Glaubenssystem uns nicht erlauben, so zu sein, wie wir wirklich sind. Wenn unser Verstand erst einmal mit all diesem Schwachsinn programmiert ist, sind wir nicht mehr glücklich.

Diese Programmierungskette von Mensch zu Mensch, von Generation zu Generation, ist in der menschlichen Gesellschaft völlig normal. Sie sollten Ihren Eltern keine Schuld dafür geben, Sie mit dem Ziel erzogen zu haben, so zu werden wie sie. Was hätten sie Ihnen anderes beibringen können als das, was sie selbst kannten? Sie haben das Beste getan, dessen sie fähig waren, und wenn Ihre Eltern Sie schlecht behandelt oder missbraucht haben, lag das an ihrer eigenen Domestizierung, ihren eigenen Ängsten, ihren eigenen Überzeugungen. Sie hatten keine Kontrolle über die Programmierungen, denen sie selbst ausgesetzt waren, und das ist der Grund, warum sie sich nicht anders verhalten konnten.

Es ist nicht nötig, Ihren Eltern oder irgendjemand anderem, der Sie in Ihrem Leben schlecht behandelt hat, die Schuld daran zu geben, einschließlich Ihnen selbst. Doch es ist an der Zeit, dieses schädliche Verhalten zu beenden. Die Zeit ist gekommen, sich von der Tyrannei des Richters in Ihrem Inneren zu befreien, indem Sie das Fundament Ihrer eigenen Vereinbarungen verändern. Die Zeit ist gekommen, sich von der Rolle des Opfers zu befreien.

In Ihrem wirklichen Wesen ist immer noch ein kindlicher Anteil. Zuweilen zeigt sich dies, wenn Sie etwas tun, das Ihnen Freude macht, wenn Sie spielen, wenn Sie glücklich sind, wenn Sie malen oder Gedichte schreiben, Klavier spielen oder Ihrem wahren Selbst auf irgendeine andere Weise Ausdruck geben. Das sind die glücklichsten Momente Ihres Lebens – wenn sich Ihr wirkliches Wesen entfalten kann, wenn Ihnen die Vergangenheit gleichgültig ist und Sie sich keine Sorgen um die Zukunft machen. Dann sind Sie wie ein Kind.

Doch gibt es etwas, das dies alles verändert: Wir nennen das *Verantwortlichkeiten.* Der Richter sagt: »Einen Moment mal, du hast Verantwortungen, du hast Dinge zu erledigen, du musst arbeiten, du musst in die Schule gehen, du musst deinen Lebensunterhalt verdienen.« Alle diese Verantwortlichkeiten fallen uns plötzlich wieder ein. Unser

Gesichtsausdruck verändert sich und wird wieder ernst. Wenn Sie Kinder beobachten, wie sie Erwachsensein spielen, werden Sie sehen, wie sich ihre kleinen Gesichter verdunkeln. »Ich tue so, als ob ich ein Rechtsanwalt wäre«, und sofort haben sie einen anderen Gesichtsausdruck. Das Erwachsenengesicht wird aufgesetzt. Wir gehen in ein Gericht und dort sehen wir die gleichen Gesichter. Das ist es, was wir sind: Kinder. Doch wir haben unsere Freiheit verloren.

Die Freiheit, nach der wir suchen, ist die Freiheit, wir selbst zu sein, unserem wahren Wesen Ausdruck zu verleihen. Doch wenn wir unser Leben näher betrachten, sehen wir, dass wir die meiste Zeit damit beschäftigt sind, anderen Leuten zu gefallen, um von ihnen akzeptiert zu werden, anstatt so zu leben, dass wir uns selbst gefallen. Das ist es, was mit unserer Freiheit passiert ist. Und wir sehen in unserer Gesellschaft und in allen anderen Kulturen der Welt, dass von tausend Menschen neunhundertneunundneunzig völlig domestiziert sind.

Das Schlimmste daran ist, dass die meisten von uns sich der Tatsache nicht bewusst sind, dass wir unsere Freiheit verloren haben. Es gibt in unserem Inneren etwas, das uns zuflüstert, dass wir nicht frei sind, doch wir verstehen nicht, was das ist und warum wir nicht frei sind.

Die meisten Menschen haben das Problem, dass sie ihr Leben leben und nie entdecken, dass ihr Geist von einem inneren Richter und einem Opfer beherrscht wird, und daher haben sie keine Möglichkeit, sich zu befreien. Der erste Schritt auf dem Weg zur persönlichen Freiheit ist Wachsamkeit. Wir müssen uns bewusst werden, dass wir nicht frei sind, damit wir überhaupt frei werden können. Wir müssen uns bewusst werden, was das Problem ist, damit wir es lösen können.

Wachsamkeit und Bewusstheit sind immer der erste Schritt, denn wenn Sie sich einer Sache nicht bewusst sind, können Sie sie auch nicht ändern. Wenn Sie nicht wissen, dass Ihr Geist angefüllt ist mit emotionalem Gift und unzählige Verwundungen aufweist, können Sie nicht anfangen, die Wunden zu säubern und zu heilen, und Sie werden weiterhin leiden.

Es gibt keinen Grund, zu leiden. Wenn Ihnen Ihre Situation bewusst ist, können Sie rebellieren und sagen: »Jetzt reicht es!« Sie können nach einer Möglichkeit Ausschau halten, heil zu werden und Ihren persönlichen Traum umzuwandeln. Der Traum des Planeten ist nur ein Traum, er hat keinerlei Wirklichkeitsgehalt. Wenn Sie in den Traum eintauchen und beginnen, Ihre eigenen Glaubenssätze und Überzeugungen zu überprüfen, werden Sie feststellen, dass die meisten der Glaubenssätze, die Ihrem Geist so viel Leid verursachen, überhaupt nicht der Wahrheit entsprechen. Sie werden feststellen, dass Sie alle diese Jahre des Dramas ganz umsonst erlitten haben. Warum? Weil das Glaubenssystem, das in Ihrem Geist verankert wurde, auf Lügen basiert.

Das ist der Grund, warum es wichtig für Sie ist, Ihren eigenen Traum zu meistern; das ist der Grund, warum die Tolteken zu Meistern des Traumes wurden. Ihr Leben ist die Manifestation Ihres Traumes: Es ist ein Kunstwerk. Und Sie können Ihr Leben jederzeit ändern, wenn Ihnen der Traum nicht gefällt. Traummeister machen aus ihrem Leben ein Meisterwerk; sie kontrollieren den Traum, indem sie bewusste Entscheidungen treffen. Alles hat Konsequenzen, und ein Traummeister ist sich dieser Konsequenzen bewusst.

Tolteke zu sein heißt, auf eine bestimmte Weise zu leben. Es ist ein Dasein, in dem es keine Führer und keine Gefolgsleute gibt, in dem Sie Ihre eigene Wahrheit kennen und Ihre eigene Wahrheit leben. Ein Tolteke wird weise, wird ungezähmt und erlangt seine Freiheit wieder.

Es gibt drei Meisterschaften, mit deren Hilfe es möglich ist, Tolteke zu werden. Die erste ist die Meisterschaft des Bewusstseins. Das bedeutet, sich dessen bewusst zu sein, wer wir wirklich sind, mit all den damit einhergehenden Möglichkeiten. Die zweite ist die Meisterschaft der Transformation oder Verwandlung – wie man sich ändern kann, wie man sich von der Domestizierung befreien kann. Die dritte ist die Meisterschaft der Absicht. Vom Standpunkt der Tolteken aus betrachtet, ist Absicht der Teil des Lebens, der die Transformation von Energie möglich macht; sie ist das eine Wesen, das alle Energien umfasst, oder das, was wir »Gott« nennen. Absicht ist das Leben selbst; sie ist bedingungslose Liebe. Die Meisterschaft der Absicht ist daher die Meisterschaft der Liebe.

Wenn wir über den Weg der Tolteken zur Freiheit sprechen, stellen wir fest, dass sie eine vollständige Landkarte haben, die zeigt, wie man sich von der Domestizierung befreien kann. Sie vergleichen den Richter, das Opfer und das Glaubenssystem mit einem Parasiten, der den menschlichen Geist befällt. Vom toltekischen Standpunkt aus betrachtet, sind alle domestizierten Menschen krank. Sie sind krank, weil ein Parasit ihren Geist und ihren Verstand kontrolliert. Die Nahrung des Parasiten besteht aus den negativen Emotionen, die ihre Ursache in der Angst haben.

Ein Parasit ist ein Lebewesen, das von anderen Lebewesen lebt, indem es ihnen Energie absaugt, ohne seinerseits irgendwelche nützlichen Beiträge zu leisten, und seinen Gastgeber nach und nach krank macht. Der Richter, das Opfer und das von uns übernommene Glaubenssystem entsprechen genau dieser Beschreibung. Zusammen ergeben sie ein lebendiges Wesen, denn sie bestehen aus seelischer oder emotionaler Energie, und diese Energie ist lebendig. Natürlich handelt es sich dabei nicht um materielle Energie. Auch unsere Träume bestehen nicht aus materieller Energie, doch wissen wir, dass sie existieren.

Eine Funktion des Gehirns besteht darin, materielle Energie in emotionale Energie umzuwandeln. Unser Gehirn ist eine Emotionsfabrik. Wie wir bereits festgestellt haben, besteht die Hauptfunktion des Geistes im Träumen. Die Tolteken glauben, dass der Parasit – der Richter, das Opfer und das Glaubenssystem – Ihren Verstand kontrolliert; er kontrolliert Ihren persönlichen Traum. Der Parasit träumt durch Ihren Geist und lebt sein Leben durch Ihren Körper. Er überlebt aufgrund der Emotionen, die auf Angst basieren, und gedeiht prächtig durch Drama und Leid.

Die Freiheit, nach der wir streben, ist die, unseren eigenen Verstand und Körper zu benutzen, unser eigenes Leben zu leben – anstatt unter der eisernen Rute eines Glaubenssystems zu stehen. Wenn wir entdecken, dass unser Geist von unserem inneren Richter und Opfer beherrscht wird und unser wahres »Ich« in eine dunkle Ecke abgedrängt wurde, dann haben wir nur zwei Wahlmöglichkeiten. Eine besteht darin, weiterhin so zu leben wie bisher, uns dem Richter und dem Opfer unterzuordnen und weiter im Traum des Planeten zu existieren. Die zweite Wahlmöglichkeit besteht darin, das zu tun, was wir als Kinder getan haben, als unsere Eltern versuchten, uns zu domestizieren. Wir können rebellieren und sagen: »Nein!« Wir können dem Parasiten den Krieg erklären, einen Krieg gegen den Richter und das Opfer, einen Krieg für unsere Unabhängigkeit, einen Krieg für das Recht, unseren eigenen Geist und unseren eigenen Verstand zu benutzen.

Das ist der Grund, warum in allen schamanischen Traditionen auf dem amerikanischen Kontinent, von Kanada bis Argentinien, Menschen sich selbst als *Krieger* bezeichnen, da sie sich in einem Krieg gegen den Parasiten befinden, der sich im

Geist eingenistet hat. Das ist die wahre Bedeutung der Bezeichnung »Krieger«. Ein Krieger ist jemand, der gegen die Invasion des Parasiten rebelliert. Der Krieger rebelliert und erklärt den Krieg. Aber ein Krieger zu sein heißt nicht, dass wir stets den Krieg gewinnen; vielleicht gewinnen wir, vielleicht verlieren wir. Doch wir tun immer unser Bestes und haben zumindest eine Chance, unsere Freiheit wiederzuerlangen. Wenn wir uns für diesen Weg entscheiden, gibt uns das – wenn schon nichts anderes – auf jeden Fall die Würde der Rebellion und sorgt dafür, dass wir nicht die hilflosen Opfer unserer eigenen launenhaften Gefühle oder der vergifteten Emotionen anderer werden. Selbst wenn wir dem Feind unterliegen – dem Parasiten –, werden wir nicht zu den Opfern gehören, die nie zurückgeschlagen haben.

Im besten Fall gibt uns das Dasein als Krieger eine Gelegenheit, den Traum des Planeten zu transzendieren und unseren persönlichen Traum in einen Traum zu verwandeln, den wir das *Paradies* oder den Himmel nennen. Genauso wie die Hölle ist das Paradies ein Ort, der in unserem Inneren existiert. Es ist ein Ort der Freude, ein Ort, wo wir glücklich sind, wo wir frei sind zu lieben und wo wir so sein können, wie wir wirklich sind. Wir können während unserer Lebenszeit den Himmel hier auf Erden erlangen; wir müssen nicht warten, bis wir sterben. Gott ist immer gegenwärtig und das Königreich des Himmels ist überall. Doch zuerst müssen wir die Augen und die Ohren haben, diese Wahrheit zu sehen und zu hören. Wir müssen frei sein von dem Parasiten.

Der Parasit kann mit einem Monster verglichen werden, das tausend Köpfe hat. Jeder Kopf des Parasiten ist eine der Ängste, die wir mit uns herumtragen. Wenn wir frei sein wollen, müssen wir diesen Parasiten zerstören. Eine Lösung wäre, nach und nach die vielen Köpfe des Parasiten anzugreifen, was bedeutet, dass wir uns einer Angst nach der anderen stellen. Das ist ein langsamer Prozess, doch er funktioniert. Jedes Mal, wenn wir eine der Ängste konfrontieren, werden wir ein klein wenig freier.

Eine zweite Herangehensweise besteht darin, den Parasiten nicht mehr zu füttern. Wenn wir dem Parasiten keine Nahrung mehr geben, hungern wir ihn aus. Um dies zu erreichen, müssen wir die Kontrolle über alle unsere Gefühle erlangen, die der Angst entspringen. Das ist leicht gesagt, doch schwierig durchzuführen. Es ist deswegen schwierig, weil der Richter und das Opfer unseren Verstand kontrollieren.

Eine dritte Lösungsmöglichkeit wird die *Initiation der Toten* genannt. Die Initiation der Toten oder des Todes findet man in vielen Traditionen und esoterischen Schulen überall auf der Welt. Wir finden sie in Ägypten, Indien, Griechenland und auf dem amerikanischen Kontinent. Dabei handelt es sich um einen symbolischen Tod, der den Parasiten tötet, ohne unseren physischen Körper zu verletzen. Wenn wir symbolisch »sterben«, stirbt auch der Parasit. Diese Lösung ist schneller als die beiden anderen, aber noch schwieriger durchzuführen. Wir brauchen eine Menge Mut, um dem Engel des Todes gegenüberzutreten. Wir müssen sehr stark sein.

Wir wollen uns hier die einzelnen Lösungen näher anschauen.

Die Kunst der Transformation: Der Traum der zweiten Aufmerksamkeit

Sie haben erfahren, dass der Traum, den Sie momentan leben, das Ergebnis des äußeren Traumes ist, der Ihre Aufmerksamkeit an sich gebunden und Ihnen alle Ihre Glaubenssätze eingetrichtert hat. Wir können den Vorgang der Domestizierung als den *Traum der ersten Aufmerksamkeit* bezeichnen, denn auf diese Weise war Ihre Aufmerksamkeit ursprünglich benutzt worden, um den ersten Traum Ihres Lebens zu erzeugen.

Eine Möglichkeit, Ihre Glaubenssätze zu ändern, besteht darin, Ihre Aufmerksamkeit auf alle diese Vereinbarungen und Überzeugungen zu konzentrieren und die Vereinbarungen mit sich selbst zu ändern. Wenn Sie dies tun, benutzen Sie Ihre Aufmerksamkeit zum zweiten Mal und erschaffen so den *Traum der zweiten Aufmerksamkeit*, den neuen Traum.

Der Unterschied ist der, dass Sie nicht mehr unschuldig sind. Als Kind waren Sie es; Sie hatten keine Wahl. Doch nun sind Sie kein Kind mehr.

Jetzt liegt es an Ihnen, zu wählen, was Sie glauben wollen und was nicht. Sie können glauben, was Sie wollen – und das beinhaltet den Glauben an sich selbst.

Der erste Schritt besteht darin, sich den Nebel in Ihrem Geist bewusst zu machen. Sie müssen sich klarmachen, dass Sie ununterbrochen träumen. Nur mit Wachsamkeit haben Sie die Möglichkeit, Ihren Traum zu transformieren. Erst wenn Ihnen bewusst ist, dass das ganze Drama Ihres Daseins ein Resultat Ihrer Glaubenssätze ist und dass das, was Sie glauben, nicht der Wahrheit entspricht, können Sie anfangen, es zu verändern. Um jedoch Ihre Überzeugungen tatsächlich erfolgreich ändern zu können, müssen Sie Ihre Aufmerksamkeit auf das konzentrieren, was Sie verändern wollen. Sie müssen wissen, welche Vereinbarungen Sie ändern wollen, bevor Sie sie verändern können.

Also ist der nächste Schritt, sich all der beschränkenden, auf Angst basierenden Glaubenssätze bewusst zu werden, die Ihrem Glück im Weg stehen. Machen Sie eine Inventur von allem, was Sie glauben, von all Ihren Vereinbarungen. Dieser Prozess ist der Beginn der Transformation. Die Tolteken nannten dies die »Kunst der Transformation« und sie ist tatsächlich eine Meisterschaft. Sie erreichen die Meisterschaft der Transformation, indem Sie die auf Angst beruhenden Vereinbarungen brechen, die Ihnen Leid bringen, und dann Ihren eigenen Geist umprogrammieren, so wie es Ihnen gefällt. Eine der Möglichkeiten, dies zu erreichen, ist die Erforschung und Übernahme alternativer Glaubenssätze, wie zum Beispiel der vier Versprechen.

Die Entscheidung, sich die vier Versprechen zu Eigen zu machen, ist eine Kriegserklärung an den Parasiten mit dem Ziel, Ihre Freiheit wiederzugewinnen. Die vier Versprechen bieten die Möglichkeit, Ihr emotionales Leid zu beenden, was Ihnen wiederum die Möglichkeit bieten wird, Ihr Leben zu genießen und mit einem neuen Traum zu beginnen. Es liegt an Ihnen, die Möglichkeiten Ihres Traumes zu erforschen, wenn Sie Interesse daran haben. Die vier Versprechen wurden formuliert, um Ihnen bei der Kunst der Transformation zu helfen, damit Sie alle begrenzenden Versprechen auflösen, mehr persönliche Macht gewinnen und stärker werden können. Je stärker Sie werden, desto mehr Versprechen können Sie aufheben, so lange, bis Sie zum Kern all dieser Vereinbarungen vorstoßen.

Diesen Kern zu erreichen ist das, was ich *in die Wüste gehen* nenne. Wenn Sie in die Wüste gehen, begegnen Sie dort Ihren Dämonen von Angesicht zu Angesicht. Nach Ihrer Rückkehr aus der Wüste werden alle diese Dämonen zu Engeln.

Das Einhalten der vier neuen Versprechen ist ein großer Kraftakt. Den Fluch der schwarzen Magie in Ihrem Geist aufzulösen, erfordert große persönliche Macht. Aber jedes Mal, wenn Sie ein Versprechen auflösen, gewinnen Sie zusätzliche Kraft. Sie beginnen, indem Sie unwichtigere Vereinbarungen beenden, die weniger Kraft erfordern. Durch die Auflösung dieser Vereinbarungen wächst Ihre persönliche Macht, bis Sie einen Punkt erreichen, an dem Sie schließlich die großen Dämonen in Ihrem Kopf konfrontieren können.

Das kleine Mädchen zum Beispiel, dem verboten wurde zu singen, ist heute eine junge Frau von zwanzig Jahren, und sie singt immer noch nicht. Eine Möglichkeit für sie, die Überzeugung loszulassen, ihre Stimme sei hässlich, besteht darin zu sagen: »Also gut, ich werde versuchen zu singen, selbst wenn ich schlecht singe.« Dann kann sie so tun, als klatsche jemand in die Hände und sage zu ihr: »Oh, was für eine schöne Stimme du hast!« Das könnte die Vereinbarung ein klein wenig lockern, aber sie wird nach wie vor bestehen. Doch sie hat jetzt ein bisschen mehr Kraft und Mut, es immer wieder zu versuchen, bis sie schließlich irgendwann das Versprechen völlig auflösen wird.

Dies ist ein Weg, den Traum von der Hölle hinter sich zu lassen. Doch jedes schmerzhafte Versprechen, das Sie brechen, müssen Sie durch ein neues Versprechen ersetzen, das Sie glücklich macht. Auf diese Weise sorgen Sie dafür, dass die alte Vereinbarung nicht wiederkommt. Wenn Sie denselben Raum mit einem neuen Versprechen besetzen, dann verschwindet das alte für immer.

Es gibt viele übermächtige Glaubenssätze und Überzeugungen in unserem Kopf, die diesen Vorgang hoffnungslos erscheinen lassen. Das ist der

Grund, warum Sie schrittweise vorgehen und geduldig mit sich selbst sein müssen, da es sich hier um einen langsamen Prozess handelt. Die Art und Weise, wie Sie heute leben, ist das Ergebnis von vielen Jahren der Domestizierung. Sie können nicht erwarten, die Folgen dieser Domestizierung an einem einzigen Tag zu beenden. Das Auflösen von Vereinbarungen ist sehr schwierig, da wir die Macht des Wortes (die die Macht unseres Willens ist) in jede Vereinbarung investiert haben, die wir eingegangen sind.

Wir brauchen die gleiche Menge an Kraft, um eine Abmachung zu brechen. Wir können sie nicht mit weniger Kraft verändern als der, mit der wir dieses Versprechen eingegangen sind, und wir investieren beinahe unsere ganze persönliche Kraft in die Einhaltung der Versprechen, die wir uns selbst gegeben haben. Das liegt daran, dass unsere Versprechen tatsächlich mit einer starken Sucht vergleichbar sind. Wir sind süchtig nach der Art und Weise, wie wir zu leben gewohnt sind. Wir sind süchtig nach Zorn, Eifersucht und Selbstmitleid. Wir sind süchtig nach dem Glaubenssatz, der uns sagt: »Ich bin nicht gut genug, ich bin nicht intelligent genug. Warum es überhaupt erst versuchen? Andere Leute werden es tun, die besser sind als ich.«

All diese alten Versprechen, die unseren Traum des Lebens beherrschen, sind das Resultat ständiger Wiederholungen. Um die vier Versprechen zu einem Teil Ihres Lebens machen zu können, ist es erforderlich, dass Sie sie ständig wiederholen. Das Praktizieren der neuen Vereinbarungen in Ihrem Leben sorgt dafür, dass Ihr Bestes immer besser wird. Übung – oder Wiederholung – macht den Meister.

Die Disziplin des Kriegers: Das eigene Verhalten kontrollieren

Stellen Sie sich vor, Sie erwachen eines frühen Morgens, erfüllt mit Begeisterung für den vor Ihnen liegenden Tag. Sie fühlen sich gut. Sie sind glücklich und haben viel Energie, um den Tag anzugehen. Doch beim Frühstück haben Sie einen Streit mit Ihrem Partner und eine Flut von Emotionen bricht aus Ihnen heraus. Sie werden zornig und in diesem Gefühl der Wut verschleudern Sie eine Menge Ihrer persönlichen Kraft. Nach der Auseinandersetzung fühlen Sie sich erschöpft und Sie möchten am liebsten nur noch weinen. Sie sind so kraftlos, dass Sie sich in Ihr Zimmer zurückziehen, auf dem Bett zusammenbrechen und versuchen, wieder zu Kräften zu kommen. Sie verbringen den Tag versunken in Ihren Emotionen. Sie haben keine Kraft mehr, weiterzumachen, und möchten am liebsten weggehen und alles hinter sich lassen.

Jeden Tag wachen wir mit einer bestimmten Menge an geistiger, emotionaler und physischer Energie auf, die wir im Laufe des Tages verausgaben. Wenn wir unseren Emotionen erlauben, unsere Energie zu erschöpfen, haben wir keine Kraft mehr übrig, um unser Leben zu verändern oder für andere da zu sein.

Die Art und Weise, wie Sie die Welt sehen, hängt von den Emotionen ab, die Sie fühlen. Wenn Sie wütend sind, ist alles in Ihrem Umfeld verkehrt, nichts läuft richtig. Sie geben allem die Schuld, einschließlich dem Wetter, ob es nun regnet oder ob die Sonne scheint, nichts gefällt Ihnen. Wenn Sie traurig sind, ist alles um Sie herum traurig und bringt Sie zum Weinen. Sie sehen die Bäume und sind traurig; Sie sehen den Regen, und alles sieht so traurig aus. Oder vielleicht fühlen Sie sich verletzlich und haben das Bedürfnis, sich zu schützen, weil Sie nicht wissen, ob nicht jemand Sie im nächsten Augenblick attackieren wird. Sie trauen nichts und niemandem in Ihrer Umgebung. Und das liegt daran, dass Sie die Welt mit den Augen der Angst sehen!

Stellen Sie sich vor, dass der menschliche Geist genau wie Ihre Haut ist. Sie können gesunde Haut berühren, und sie fühlt sich wunderbar an. Ihre Haut ist zum Zweck der Wahrnehmung gemacht, und das Gefühl, zu berühren und berührt zu werden, ist eine Wonne. Jetzt stellen Sie sich vor, Sie haben eine Verletzung, vielleicht eine Schnittwunde, die sich infiziert hat. Wenn Sie die infizierte Hautstelle berühren, dann tut das weh. Also versuchen Sie, die Haut zu bedecken und zu schützen. Sie werden es nicht genießen, berührt zu werden, denn es tut weh.

Und jetzt stellen Sie sich vor, dass alle Menschen

solche Hautinfektionen haben. Niemand kann den anderen berühren, weil es wehtun würde. Jeder hat Wunden auf seiner Haut, daher wird die Infektion als normal betrachtet, desgleichen der Schmerz; wir glauben, dass wir so sein müssen.

Können Sie sich vorstellen, wie wir uns im Umgang miteinander verhalten würden, wenn alle Menschen auf der Welt diese Hautkrankheit hätten? Wir würden einander so gut wie nie umarmen, weil es zu sehr schmerzen würde. Also wäre es notwendig, dass wir eine große Distanz zwischen uns aufbauen.

Mit dem menschlichen Geist verhält es sich genauso. Jeder Mensch hat einen emotionalen Körper, der vollständig mit entzündeten Wunden bedeckt ist. Jede Wunde ist mit emotionalem Gift infiziert – das Gift all der Emotionen, die uns leiden lassen, wie zum Beispiel Hass, Wut, Neid und Traurigkeit. Eine ungerechte Handlung von anderen lässt eine Wunde in unserem Inneren aufbrechen. Und aufgrund unserer eigenen Konzepte und Glaubenssätze in Bezug auf das, was wir unter Gerechtigkeit und Fairness verstehen, reagieren wir unsererseits mit emotionalem Gift. Der Geist ist im Laufe der Domestizierung so sehr verwundet und mit emotionalem Gift angefüllt worden, dass jeder den verwundeten Geist als normal bezeichnet. Aber ich kann Ihnen versichern, dass dies nicht sein normaler Zustand ist.

Der Traum des Planeten ist hochgradig gestört und alle Menschen leiden an einer geistigen Krankheit: der Angst. Die Symptome dieser Krankheit zeigen sich in all den Emotionen, die den Menschen Leid bringen: Wut, Hass, Traurigkeit, Neid und Enttäuschung. Wenn die Angst zu groß wird, beginnt der logische Verstand zu versagen, was wir dann als Geisteskrankheit bezeichnen. Psychotisches Verhalten tritt auf, wenn der Verstand solche Angst verspürt und die Wunden so schmerzhaft sind, dass es besser erscheint, den Kontakt mit der äußeren Welt abzubrechen.

Wenn wir unseren geistigen Zustand als eine Krankheit sehen können, stellen wir fest, dass es eine Heilungsmöglichkeit gibt. Wir müssen nicht länger leiden. Zunächst einmal brauchen wir die Wahrheit, um die emotionalen Wunden bloßzulegen, das Gift zu entfernen und die Wunden vollständig zu heilen. Wie machen wir das? Wir müssen jenen vergeben, von denen wir glauben, dass sie uns Unrecht getan haben; und zwar nicht, weil sie unsere Vergebung verdienen, sondern weil wir uns selbst so sehr lieben, dass wir nicht mehr für die Ungerechtigkeit bezahlen wollen.

Vergebung ist der einzige Weg zur Heilung. Wir können uns entscheiden zu vergeben, weil wir Mitgefühl für uns selbst haben. Wir können die Verbitterung loslassen und erklären: »Jetzt reicht's! Ich werde nicht länger der große Richter sein, der gegen mich selbst vorgeht. Ich will mich nicht mehr selbst bestrafen und schlecht behandeln. Die Zeiten des Opferseins sind vorbei!«

Zuerst müssen wir unseren Eltern vergeben, unseren Geschwistern, unseren Freunden und Gott. Wenn Sie erst einmal Gott vergeben haben, können Sie endlich auch sich selbst vergeben. Sobald Sie sich selbst vergeben haben, löst sich Ihre innere Selbstablehnung auf. Selbstakzeptanz tritt an ihre Stelle, und die Selbstliebe wird so stark werden, dass Sie sich schließlich so akzeptieren, wie Sie wirklich sind. Das ist der Beginn eines freien Menschen. Vergebung ist der Schlüssel.

Sie werden wissen, dass Sie jemandem vergeben haben, wenn Sie den Betreffenden sehen und keine emotionale Reaktion mehr verspüren. Sie hören den Namen dieses Menschen und haben keinerlei gefühlsmäßige Reaktion. Wenn jemand Sie dort berühren kann, wo Sie vorher eine Wunde hatten, und es nicht mehr länger wehtut, dann wissen Sie, dass Sie wahrhaft vergeben haben.

Die Wahrheit ist wie ein Skalpell. Die Wahrheit ist schmerzhaft, da sie alle Wunden öffnet, die von Lügen verdeckt sind, damit wir heil werden können. Diese Lügen sind das, was wir das *Verdrängungssystem* nennen. Es ist gut, dass wir dieses Verdrängungssystem haben, weil es uns erlaubt, unsere Wunden zu verdecken und weiterhin zu funktionieren. Doch wenn wir erst einmal keine Wunden mehr haben und auch kein emotionales Gift mehr mit uns herumtragen, müssen wir auch nicht mehr lügen. Dann brauchen wir das Verdrängungssystem nicht mehr, weil ein gesunder Geist – genau wie eine gesunde Haut – berührt werden kann, ohne dass es uns wehtut. Es ist unserem Geist angenehm, berührt zu werden, wenn er rein ist.

Für die meisten Menschen besteht das Problem darin, dass sie die Kontrolle über ihre Emotionen verlieren. Dann sind es die Emotionen, die das Verhalten des Menschen kontrollieren, nicht der Mensch, der die Emotionen kontrolliert. Wenn wir die Kontrolle verlieren, sagen und tun wir Dinge, die wir eigentlich weder sagen noch tun wollten. Aus diesem Grund ist es so wichtig, dass wir untadelig mit unserem Wort sind und zu geistigen Kriegern werden. Wir müssen lernen, unsere Emotionen zu kontrollieren, damit wir genug persönliche Kraft haben, unsere auf Angst basierenden Vereinbarungen zu beenden, der Hölle zu entkommen und unser persönliches Paradies zu schaffen.

Wie können wir zum Krieger werden? Es gibt bestimmte Eigenschaften des Kriegers, die sich überall auf der Welt gleichen. Der Krieger hat ein waches Bewusstsein. Das ist sehr wichtig. Wir sind uns bewusst, dass wir uns im Krieg befinden, und der Krieg in unserem Kopf erfordert Disziplin. Nicht die Disziplin eines Soldaten, sondern die Disziplin eines Kriegers. Nicht die Disziplin von außen, die uns sagt, was wir zu tun haben und was nicht, sondern die Disziplin, wir selbst zu sein, was immer auch passiert.

Der Krieger hat die Kontrolle. Nicht Kontrolle über einen anderen Menschen, sondern Kontrolle über seine eigenen Gefühle, Kontrolle über das eigene Selbst. Wir unterdrücken unsere Gefühle, wenn wir die Kontrolle verlieren, nicht wenn wir sie innehaben. Der große Unterschied zwischen einem Krieger und einem Opfer ist der, dass das Opfer seine Gefühle unterdrückt und der Krieger sich bewusst zurücknimmt. Opfer unterdrücken ihre Gefühle, da sie Angst davor haben, sie zu zeigen, und es nicht wagen, das zu sagen, was sie sagen wollen. Sich zurückzunehmen ist nicht dasselbe wie etwas zu unterdrücken. Sich zurückzunehmen heißt, die Emotionen zurückzuhalten und sie im richtigen Moment zu zeigen, weder zu früh noch zu spät. Das ist der Grund, warum Krieger untadelig sind. Sie haben die vollständige Kontrolle über ihre eigenen Gefühle und folglich über ihr eigenes Verhalten.

Die Initiation der Toten: Den Engel des Todes umarmen

Die letzte Möglichkeit, persönliche Freiheit zu erlangen, besteht darin, uns auf die Initiation der Toten vorzubereiten und den Tod selbst als unseren Lehrer anzunehmen. Der Engel des Todes kann uns lehren, wie wir *wirklich lebendig* sein können. Wir werden uns bewusst, dass wir jeden Augenblick sterben können; wir haben nur die Gegenwart, um zu leben. Die Wahrheit ist, dass wir nicht wissen, ob wir morgen nicht vielleicht sterben werden. Wir denken, dass uns noch viele Jahre bevorstehen. Doch ist das tatsächlich so?

Wenn wir ins Krankenhaus gehen und der Arzt

uns sagt, dass wir nur noch eine Weile zu leben haben, was tun wir dann? Wie schon erwähnt, haben wir zwei Möglichkeiten. Eine ist die, zu leiden, weil wir sterben werden, und jedem zu sagen: »Oh, ich armes Wesen, ich muss sterben«, und auf diese Weise ein riesiges Drama daraus zu machen. Die andere Möglichkeit, mit dieser Information umzugehen, besteht darin, jeden Augenblick zu nutzen, um glücklich zu sein, um zu tun, was Sie wirklich gerne tun. Sie können leben! Sie können sagen: »Ich werde ich selbst sein. Ich werde meine Zeit nicht mehr mit dem Versuch verschwenden, anderen Leuten zu gefallen. Ich werde keine Angst mehr davor haben, was sie über mich denken. Was geht es mich an, was andere denken, wenn ich in einer Woche schon tot bin? Ich werde einfach ich selbst sein.«

Der Engel des Todes kann uns lehren, jeden Tag so zu leben, als sei es unser letzter, als gäbe es kein Morgen für uns. Wir können jeden Tag mit den Worten beginnen: »Ich bin wach, ich sehe die Sonne. Ich werde der Sonne und allem und jedem meine Dankbarkeit bezeugen, weil ich noch am Leben bin. Dies ist ein weiterer Tag, um ich selbst zu sein.«

So sehe ich das Leben; das ist es, was der Engel des Todes mich gelehrt hat – völlig offen zu sein, zu wissen, dass es nichts gibt, vor dem ich mich fürchten muss. Und natürlich begegne ich den Menschen, die mir am Herzen liegen, mit Liebe, weil dies vielleicht der letzte Tag ist, an dem ich dir sagen kann, wie sehr ich dich liebe. Ich weiß nicht, ob ich dich wiedersehen werde, daher möchte ich nicht mit dir kämpfen.

Was wäre, wenn ich mich mit dir gestritten und dir all diese emotionalen Gifte entgegengeschleudert hätte und du morgen sterben würdest? O Gott, dieses Mal würde der Richter mich wirklich erwischen und bestrafen und ich würde mich wegen der Dinge, die ich dir im Zorn gesagt habe, furchtbar schuldig fühlen. Ich würde mich sogar schuldig fühlen, weil ich dir nicht gesagt habe, wie sehr ich dich liebe. Die Liebe, die mich glücklich macht, ist die Liebe, die ich mit dir teilen kann. Warum muss ich verleugnen, dass ich dich liebe? Es ist nicht wichtig, ob du mich auch liebst. Wir können beide morgen sterben. Was mich jetzt glücklich macht, ist, dich wissen zu lassen, wie sehr ich dich liebe.

Sie können Ihr Leben auf diese Weise leben. Wenn Sie das tun, bereiten Sie sich selbst auf die Initiation durch den Tod vor. Bei der Initiation des Todes stirbt der alte Traum, den Sie in Ihrem Kopf haben, für immer. Natürlich werden Sie sich an den Parasiten erinnern – an den Richter, das Opfer und die Dinge, die Sie geglaubt haben –, doch der Parasit wird tot sein.

Er ist es, der in der Initiation des Todes stirbt – der Parasit. Es ist nicht einfach, sich der Initiation durch den Tod hinzugeben, da der Richter und das Opfer mit allen Mitteln dagegen kämpfen werden, die ihnen zur Verfügung stehen. Sie wollen nicht sterben. Und dabei haben wir das Gefühl, dass *wir* sterben werden, und wir haben Angst vor diesem Tod.

Wenn wir im Traum des Planeten leben, ist das genauso, als wären wir tot. Doch wer die Initiation des Todes erfährt, erhält das wunderbarste Geschenk: die Wiederauferstehung. Sie zu erhalten bedeutet, von den Toten zurückzukommen, lebendig zu sein, wieder man selbst zu sein. Auferstanden zu sein heißt, wie ein Kind zu sein – wild und frei, doch mit einem Unterschied. Und dieser Unterschied ist, dass wir jetzt anstelle von Unschuld Freiheit zusammen mit *Weisheit* besitzen. Wir sind in der Lage, unsere Domestizierung zu durchbrechen, wieder frei zu werden und unseren Geist zu heilen. Wir ergeben uns dem Engel des Todes in dem Wissen, dass der Parasit sterben wird und wir am Leben bleiben werden, mit einem gesunden Geist und einem perfekt funktionierenden Verstand. Dann sind wir frei, unser Leben so zu führen, wie es uns gefällt.

Das ist es, was der Engel des Todes uns nach der toltekischen Überlieferung lehrt. Er kommt zu uns und sagt: »Siehe, alles, was existiert, gehört mir; es gehört nicht dir. Dein Haus, dein Lebenspartner, deine Kinder, dein Auto, deine Karriere, dein Geld – alles gehört mir, und ich kann es dir wegnehmen, wann immer ich will, doch im Moment darfst du es benutzen.«

Wenn wir uns dem Engel des Todes ergeben, werden wir für immer und ewig glücklich sein. Warum? Weil der Engel des Todes die Vergangenheit wegnimmt, um eine Fortsetzung des Lebens zu ermöglichen. Von jedem Moment, der vergangen ist, entfernt der Engel des Todes den Teil, der tot ist, und wir können weiterhin in der Gegenwart leben. Der Parasit will, das wir die Vergangenheit mit uns herumtragen, und das macht es so schwer, lebendig zu sein. Wenn wir versuchen, in der Vergangenheit zu leben, wie können wir dann die Gegenwart genießen? Wenn wir von der Zukunft träumen, warum müssen wir dann die Last der Vergangenheit mit uns herumschleppen? Wann werden wir endlich in der Gegenwart, im Hier und Jetzt, leben? Und genau das ist es, was der Engel des Todes uns lehrt.

7

Der neue Traum

Der Himmel auf Erden

Ich möchte, dass Sie alles vergessen, was Sie in Ihrem bisherigen Leben gelernt haben. Dies ist der Beginn eines neuen Verständnisses, eines neuen Traumes. Der Traum, den Sie gegenwärtig leben, ist Ihre Schöpfung. Er stellt Ihre Wahrnehmung der Realität dar, die Sie jederzeit ändern können. Sie haben die Macht, eine Hölle zu erschaffen, und Sie haben die Macht, einen Himmel auf Erden zu schaffen. Warum träumen Sie nicht einfach einen anderen Traum? Warum benutzen Sie nicht Ihren Verstand, Ihre Vorstellungskraft und Ihre Emotionen, um ein Paradies zu erschaffen?

Fangen Sie an, einfach Ihre Vorstellungskraft zu benutzen, und ungeheure Dinge werden passieren. Stellen Sie sich vor, Sie haben die Fähigkeit, die Welt mit anderen Augen zu sehen, wann immer Sie wollen. Jedes Mal, wenn Sie Ihre Augen öffnen, sehen Sie die Welt um Sie herum auf eine andere Art.

Schließen Sie jetzt Ihre Augen, und dann öffnen Sie sie und schauen nach draußen.

Was Sie sehen werden, ist Liebe, die aus den Bäumen strömt, Liebe, die aus dem Himmel lacht, Liebe, die aus dem Licht strahlt. Sie werden überall in Ihrer Umgebung Liebe wahrnehmen. Dies ist der Zustand der Glückseligkeit. Sie empfangen Liebe direkt von allem und jedem, einschließlich Ihrem eigenen Selbst und anderen Menschen. Selbst wenn Menschen traurig oder wütend sind, können Sie sehen, dass sie neben diesen Gefühlen auch Liebe aussenden.

Indem Sie Ihre Vorstellungskraft und Ihre neuen Augen der Wahrnehmung benutzen, bitte ich Sie, sich selbst zu sehen, wie Sie ein neues Leben beginnen, einen neuen Traum; ein Leben, in dem Sie Ihre Existenz nicht mehr rechtfertigen müssen und in dem Sie frei sind, der zu sein, der Sie wirklich sind.

Stellen Sie sich vor, dass Sie die Erlaubnis haben, glücklich zu sein und Ihr Leben wirklich zu genießen. Ihr Dasein ist frei von Konflikten mit sich selbst und anderen.

Stellen Sie sich vor, ohne Angst davor zu leben, Ihre Träume zu realisieren. Sie wissen, was Sie wollen und was nicht, und wann Sie es wollen. Sie sind frei, Ihr Leben so zu ändern, wie Sie es wirklich wollen. Sie haben keine Angst, um das zu bitten, was Sie brauchen, und Ja oder Nein zu sagen zu allem und jedem, wenn Ihnen danach zumute ist.

Stellen Sie sich vor, ein Leben zu führen ohne die Angst, von anderen verurteilt zu werden. Sie richten Ihr Verhalten nicht länger danach aus, was andere über Sie denken könnten. Sie sind nicht mehr für die Meinungen anderer Leute verantwortlich. Sie verspüren kein Bedürfnis mehr, andere zu kontrollieren, und gleichzeitig werden Sie von niemandem mehr kontrolliert.

Stellen Sie sich vor, ein Leben zu leben, in dem Sie niemanden mehr verurteilen. Sie können anderen leicht vergeben und alle Urteile loslassen, die Sie hegen. Es ist Ihnen kein Bedürfnis mehr, im Recht zu sein, und Sie brauchen es nicht, dass ein anderer im Unrecht ist. Sie haben Respekt vor sich selbst und anderen Menschen und werden im Gegenzug von den anderen mit Respekt behandelt.

Stellen Sie sich vor, ohne die Angst zu leben, jemanden zu lieben, der diese Liebe vielleicht nicht erwidert. Sie fürchten sich nicht mehr vor Ablehnung und Sie haben kein Bedürfnis, akzeptiert zu werden. Sie können ohne Scham oder Rechtfertigungsversuche sagen: »Ich liebe dich.« Sie können mit einem völlig offenen Herzen durch die Welt gehen, ohne Angst davor, verletzt zu werden.

Stellen Sie sich vor, Sie leben Ihr Leben ohne Angst davor, ein Risiko einzugehen und das Leben zu erforschen. Sie haben keine Angst, etwas zu verlieren. Sie haben keine Angst, lebendig zu sein, und Sie fürchten sich nicht vor dem Tod.

Stellen Sie sich vor, dass Sie sich selbst so lieben, wie Sie sind. Sie lieben Ihren Körper genau so, wie er ist, und Sie lieben Ihre Gefühle genau so, wie sie sind. Sie wissen, dass Sie perfekt sind, so wie Sie sind.

Der Grund, warum ich Sie auffordere, sich diese Dinge vorzustellen, ist der, dass sie alle absolut möglich sind! Sie können im Zustand der Gnade leben, im Zustand der Glückseligkeit, im Traum des Himmels. Doch um diesen Traum erleben zu können, müssen Sie zuerst verstehen, was er ist.

Nur Liebe hat die Fähigkeit, Sie in einen Zustand der Glückseligkeit zu versetzen. Sich in diesem Zustand zu befinden ist Liebe. Zu lieben ist das Gleiche, wie in einem Zustand von Glückseligkeit zu sein. Sie schweben in den Wolken. Sie nehmen überall um sich herum Liebe wahr. Es ist absolut möglich, immer in diesem Zustand zu leben. Es ist möglich, weil andere Menschen es schon getan haben, die auch nicht anders sind als Sie. Sie führen ein glückseliges Leben, weil sie ihre Vereinbarungen geändert haben und einen anderen Traum träumen.

Wenn Sie erst einmal spüren, was es bedeutet, in einem Zustand der Glückseligkeit zu leben, werden Sie nichts anderes mehr wollen. Sie werden wissen, dass es den Himmel auf Erden wirklich gibt – dass der Himmel tatsächlich existiert. Und sobald Sie wissen, dass es den Himmel gibt, sobald Sie wissen, dass es möglich ist, in diesem Himmel zu leben, liegt es an Ihnen, sich zu bemühen und diesen Zustand zu erreichen. Vor zweitausend Jahren erzählte Jesus uns vom Königreich des Himmels, dem Königreich der Liebe, doch kaum jemand war bereit, dies zu hören. Die Menschen sagten: »Wovon redest du? Mein Herz ist leer, ich kann die Liebe nicht fühlen, von der du sprichst; ich spüre nicht den Frieden, den du hast.« Sie müssen nicht so reagieren. Stellen Sie sich einfach vor, dass diese Botschaft der Liebe möglich ist, und Sie werden feststellen, dass sie Ihnen gehört.

Die Welt ist so schön und absolut wunderbar. Das Leben kann sehr einfach sein, wenn Sie Ihren Weg im Namen der Liebe gehen. Sie können immer, zu jeder Zeit, voller Liebe sein. Das ist allein Ihre Entscheidung. Vielleicht haben Sie keinen Grund, zu lieben, keinen bestimmten Menschen, dem Sie Ihre Liebe geben könnten. Doch Sie können trotzdem lieben, einfach weil die Liebe Sie glücklich macht. Handelnde Liebe bringt nichts als Freude und Glück. Liebe wird Ihnen zu innerem Frieden verhelfen. Sie wird Ihre Wahrnehmung von Grund auf verändern.

Sie können alles mit den Augen der Liebe sehen. Sie können sich bewusst machen, dass überall in Ihrer Umgebung Liebe vorhanden ist. Wenn Sie auf diese Weise leben, verschwindet der Nebel aus Ihrem Geist. Das *mitote* ist für immer verschwunden. Dies ist es, wonach die Menschen seit Jahrhunderten gesucht haben. Tausende von Jahren haben wir uns nach dem Glück gesehnt. Glück ist das verlorene Paradies. Wir Menschen haben so hart gearbeitet, um diesen Augenblick zu erreichen, der einen Teil der Evolution des Geistes darstellt. Dies ist die Zukunft der Menschheit.

Es ist möglich, auf diese Art zu leben, und es liegt in Ihrer Hand, sich dafür zu entscheiden. Moses nannte es das Gelobte Land, Buddha nannte es Nirwana, Jesus nannte es Himmel und die Tolteken nennen es »den neuen Traum«. Leider ist Ihre Identität mit dem Traum des Planeten vermischt. Alle Ihre Glaubenssätze, Überzeugungen und Vereinbarungen befinden sich in einem Nebel. Sie spüren die Gegenwart des Parasiten und glauben, das seien Sie. Diese Tatsache macht es schwer, loszulassen – den Parasiten loszuwerden und den Raum zu schaffen, in dem Sie Liebe erfahren können. Sie hängen an dem Richter und dem Opfer. Zu leiden gibt Ihnen ein Gefühl der Sicherheit, da Sie diesen Zustand so gut kennen.

Doch in Wahrheit gibt es keinen Grund zu leiden. Der einzige Grund, warum Sie leiden, besteht darin, dass Sie sich für das Leid entscheiden. Wenn Sie sich Ihr Leben näher anschauen, werden Sie viele Entschuldigungen für Ihr Leiden finden, einen guten Grund werden Sie jedoch vergeblich suchen. Das Gleiche gilt für den Zustand des Glücklichseins. Der einzige Grund, warum Sie glücklich sind, ist der, dass Sie sich entschieden haben, glücklich zu sein. Glücklichsein ist eine Entscheidung, und das Gleiche gilt für Leiden.

Es mag sein, dass wir dem Schicksal des Menschseins nicht entkommen können, doch wir haben eine Wahl: unser Dasein zu erleiden oder es zu genießen. Zu leiden oder zu lieben und glücklich zu sein. In der Hölle zu vegetieren oder im Himmel auf Erden zu leben. Meine Wahl ist, im Himmel auf Erden zu leben. Was ist Ihre Wahl?

GEBETE

Bitte schließen Sie einen Moment lang die Augen, öffnen Sie Ihr Herz und fühlen Sie die Liebe, die aus Ihrem Herzen strömt.

Ich möchte, dass Sie meine Worte mit Ihrem Geist und Ihrem Herzen aufnehmen und eine starke Verbindung der Liebe zwischen uns spüren. Zusammen werden wir ein ganz besonderes Gebet sprechen, um mit unserem Schöpfer zu kommunizieren.

Konzentrieren Sie Ihre Aufmerksamkeit auf Ihre Lungen, so als ob nur Ihre Lungen existieren würden. Spüren Sie das Wohlgefühl, wenn sich Ihre Lungen ausdehnen, um das stärkste Bedürfnis des menschlichen Körpers zu erfüllen – zu atmen.

Nehmen Sie einen tiefen Atemzug und fühlen Sie, wie die Luft Ihre Lungen füllt. Spüren Sie, dass die Luft nichts anderes ist als Liebe. Achten Sie auf die Verbindung zwischen der Luft und der Lunge, die eine Verbindung der Liebe ist. Dehnen Sie Ihre Lunge mit der Luft aus, bis Ihr Körper den Punkt erreicht hat, an dem er die Luft wieder ausstoßen muss. Nun atmen Sie aus und spüren noch einmal das Wohlgefühl, dieses Mal beim Ausatmen. Denn wann immer wir irgendein Bedürfnis des Körpers erfüllen, bereitet uns dies Vergnügen. Es ist eine Wonne, zu atmen. Einfach nur zu atmen reicht aus, uns für immer glücklich zu machen und das Leben zu genießen. Einfach nur zu leben ist schon genug. Spüren Sie die Wonne, lebendig zu sein, das Vergnügen, Liebe zu empfinden …

Gebet für die Freiheit

Schöpfer des Universums, heute bitten wir Dich, zu uns zu kommen und mit uns in tiefer Liebe zu kommunizieren. Wir wissen, dass Dein wahrer Name Liebe ist, dass eine Kommunion mit Dir bedeutet, die gleiche Schwingung zu teilen, die gleiche Frequenz, die Du bist, da Du das Einzige bist, das im Universum existiert.

Hilf uns heute, so zu sein wie Du, das Leben zu lieben, das Leben zu verkörpern, Liebe zu sein. Hilf uns, auf die gleiche Weise zu lieben wie Du, bedingungslos, ohne zu urteilen, ohne Erwartungen, ohne Verpflichtungen. Hilf uns, auf dass wir uns selbst lieben und akzeptieren können, ohne uns zu verurteilen, denn wenn wir uns selbst verurteilen, sprechen wir uns schuldig und glauben, dass wir bestraft werden müssen.

Hilf uns, alles, was Du geschaffen hast, bedingungslos zu lieben, vor allem andere Menschen und ganz besonders jene, die in unserer unmittelbaren Umgebung leben – alle unsere Verwandten und die Menschen, die wir so sehr zu lieben versuchen. Denn wenn wir sie ablehnen, lehnen wir uns selbst ab, und wenn wir uns selbst ablehnen, lehnen wir Dich ab.

Hilf uns, andere bedingungslos so zu lieben, wie sie sind. Hilf uns, sie so zu akzeptieren, wie sie sind, ohne sie zu verurteilen, denn wenn wir sie verurteilen, sprechen wir sie schuldig und haben das Bedürfnis, sie zu bestrafen.

Reinige unsere Herzen heute von jeglichem emotionalem Gift, das sich dort angesammelt hat, und befreie unseren Geist von jeglichem Urteil, auf dass wir in völligem Frieden und absoluter Liebe leben können.

Heute ist ein ganz besonderer Tag. Heute öffnen wir unsere Herzen wieder der Liebe, damit wir ohne jegliche Angst zueinander sagen können: »Ich liebe dich.« Heute bieten wir uns Dir dar. Komm zu uns, bediene Dich unserer Stimmen, unserer Augen, unserer Hände und unserer Herzen, auf dass wir eine Kommunion der Liebe miteinander eingehen können. Heute, o Schöpfer, hilf uns, genau so zu sein wie Du. Wir danken Dir für alles, was wir an diesem Tag erhalten, besonders für die Freiheit, zu sein, wer wir wirklich sind. Amen.

Gebet für die Liebe

Wir werden einen wunderbaren Traum miteinander teilen – einen Traum, den Sie am liebsten immer haben möchten. In diesem Traum sehen Sie sich an einem herrlichen, warmen, sonnigen Tag. Sie hören die Vögel, den Wind und das Plätschern eines kleinen Flusses in der Nähe. Sie gehen auf den Fluss zu. Am Ufer sitzt ein alter Mann, in eine Meditation versunken, und Sie sehen, dass ein wunderschönes mehrfarbiges Licht aus seinem Kopf strömt. Sie versuchen, ihn nicht zu stören, doch er bemerkt Ihre Gegenwart und öffnet seine Augen. Seine Augen strahlen voller Liebe, und er lächelt Ihnen zu. Sie fragen ihn, was ihm die Fähigkeit gibt, dieses wunderbare Licht auszustrahlen. Sie fragen ihn, ob er Sie lehren kann, das zu tun, was er tut. Er antwortet, dass er vor vielen Jahren seinem Lehrer die gleiche Frage gestellt habe.

Der alte Mann beginnt, Ihnen seine Geschichte zu erzählen: »Mein Lehrer öffnete seine Brust und nahm sein Herz heraus, und er entnahm seinem Herzen eine wunderschöne Flamme. Dann öffnete er meine Brust, nahm mein Herz heraus, öffnete es und legte die kleine Flamme hinein. Er legte mein Herz zurück in meine Brust, und sobald es wieder in meinem Körper schlug, wurde ich von dem Gefühl einer großen Liebe durchströmt, denn die Flamme, die er in mein Herz gelegt hatte, war seine eigene Liebe. Diese Flamme wuchs in meinem Herzen und wurde zu einem gewaltigen Feuer – ein Feuer, das nicht verbrennt, sondern alles reinigt, was es berührt. Und dieses Feuer berührte jede einzelne Zelle meines Körpers, und die Zellen meines Körpers gaben mir Liebe zurück. Ich wurde eins mit meinem Körper, doch meine Liebe wuchs immer weiter. Dieses Feuer berührte jede Emotion meines Geistes, und alle diese Emotionen verwandelten sich in eine starke, intensive Liebe. Und ich liebte mich selbst, total und bedingungslos. Doch das Feuer brannte weiter und ich verspürte das Bedürfnis, meine Liebe mit anderen zu teilen. Ich beschloss, ein klein wenig meiner Liebe an jeden Baum zu schicken, und die Bäume reagierten ihrerseits mit Liebe, und ich wurde eins mit den Bäumen, doch meine Liebe hörte nicht auf, sondern wurde immer noch stärker. Ich gab jeder Blume ein wenig von meiner Liebe, dem Gras, der Erde, und sie alle gaben mir dafür ihre Liebe, und wir wurden eins. Und meine Liebe wuchs immer weiter, bis sie auch jedes Tier auf der Welt einschloss. Die Tiere erwiderten meine Liebe, indem sie mich ebenfalls liebten, und wir wurden eins. Doch meine Liebe wuchs und wuchs und wuchs. Ich gab jedem Kristall ein Stück meiner Liebe, jedem Stein auf der Erde, jedem Metall, und sie alle gaben mir ihre Liebe zurück, und ich wurde eins mit der Erde. Und dann beschloss ich, meine Liebe dem Wasser zu geben, den Meeren, den Flüssen, dem Regen und dem Schnee. Und sie erwiderten meine Liebe mit ihrer Liebe, und wir wurden eins. Doch meine Liebe hörte nicht auf zu wachsen und wurde immer stärker. Als Nächstes gab ich meine Liebe der Luft und dem Wind. Ich fühlte eine starke Einheit mit der Erde, mit dem Wind, mit den Meeren, mit der Natur, und meine Liebe wuchs und wuchs und wollte nicht aufhören zu wachsen. Ich wandte mein Gesicht dem Himmel zu, der Sonne, den Sternen, und gab jedem Stern, dem Mond und der Sonne ein kleines Stück meiner Liebe, und sie gaben mir ihre Liebe. Und ich wurde eins mit dem Mond und der Sonne und den Sternen, und meine Liebe wurde immer stärker. Schließlich gab ich jedem Menschen ein kleines Stück meiner Liebe, und ich wurde eins mit der ganzen Menschheit. Wohin ich auch gehe und wem ich auch begegne, ich sehe mich selbst in ihren Augen, denn ich bin ein Teil von allem, was ist, weil ich liebe.«

Und dann öffnet der alte Mann seine Brust, nimmt sein Herz mit der köstlichen Flamme heraus und legt die Flamme in Ihr eigenes Herz. Und jetzt wächst diese Liebe in Ihrem Inneren. Jetzt sind Sie eins mit dem Wind, mit dem Wasser, mit den Sternen, mit der ganzen Natur, mit allen Tieren und mit allen Menschen. Sie spüren die Hitze und das Licht, das von der Flamme in Ihrem Herzen ausströmt. Aus Ihrem Kopf strömt ein herrliches vielfarbiges Leuchten. Sie glühen mit dem Glanz der Liebe, und Sie beten:

Ich danke Dir, Schöpfer des Universums, für das Geschenk des Lebens, das Du mir gemacht hast. Ich danke Dir, dass Du mir alles gegeben hast, was ich jemals wirklich gebraucht habe. Ich danke Dir für die Gelegenheit, diesen schönen Körper und diesen wunderbaren Geist erleben zu können. Ich danke Dir, dass Du mit all Deiner Liebe in meinem

Inneren lebendig bist, mit Deinem reinen und grenzenlosen Geist, mit Deinem warmen und strahlenden Licht.

Ich danke Dir für die Gabe meines Wortes, für den Gebrauch meiner Augen, für die Fähigkeit, mit meinem Herzen Deine Liebe zu verbreiten, wo immer ich bin. Ich liebe Dich genau so, wie Du bist, und weil ich Deine Schöpfung bin, liebe ich mich selbst genau so, wie ich bin. Hilf mir, die Liebe und den Frieden in meinem Herzen aufrechtzuerhalten und diese Liebe zu meiner neuen Daseinsform zu machen, damit ich bis ans Ende meiner Tage in Liebe leben kann.

Amen.

Dank

Ich möchte an dieser Stelle und mit Demut meiner Mutter Sarita danken, die mich bedingungslose Liebe gelehrt hat; meinem Vater José Luis, der mir Disziplin beigebracht hat; meinem Großvater Leonardo Macias, der mir den Schlüssel gab, um die toltekischen Geheimnisse zu erschließen; und meinen Söhnen Miguel, José Luis und Leonardo.

Es ist mir ein Bedürfnis, Gaya Jenkins und Trey Jenkins meine große Zuneigung und Anerkennung für ihre hingebungsvollen Dienste auszusprechen.

Auch möchte ich den vielen Menschen meinen Tribut zollen, die freiwillig ihre Zeit, ihre Herzen und ihre Ressourcen zur Verfügung gestellt haben. Eine unvollständige Liste beinhaltet: Gae Buckley, Ted und Peggy Raess, Christinea Johnson, Judy »Red« Fruhbauer, Vicki Molinar, David und Linda Dibble, Bernardette Vigil, Cynthia Wootton, Alan Clark, Rita Rivera, Catherine Chase, Stephanie Bureau, Todd Kaprielian, Glenna Quigley, Allan und Randi Hardman, Cindee Pascoe, Tink und Chuck Cowgill, Roberto und Diane Paez, Siri Gian Singh Khalsa, Heather Ash, Larry Andrews, Judy Silver, Carolyn Hipp, Kim Hofer, Mersedeh Kheradmand, Diana und Sky Ferguson, Keri Kropidlowski, Steve Hasenburg, Dara Salour, Joaquin Galvan, Woodie Bobb, Rachel Guerrero, Mark Gershon, Collette Michaan, Brandt Morgan, Katherine Kilgore (Kitty Kaur), Michael Gilardy, Laura Haney, Marc Cloptin, Wendy Bobb, Ed Fox, Yari Jaeda, Mary Carroll Nelson, Amari Magdalena, JaneAnn Dow, Russ Venable, Gu und Maya Khalsa, Mataji Rosita, Fred und Marion Vatinelli, Diane Laurent, V. J. Polich, Gail Dawn Price, Barbara Simon, Patti Torres, Kaye Thompson, Ramin Yazdani, Linda Lightfoot, Terry Gorton, Dorothy Lee, J. J. Frank, Jennifer und Jeanne Jenkins, George Gorton, Tita Weems, Shelley Wolf, Gigi Boyce, Morgan Drasmin, Eddie Von Sonn, Sydney de Jong, Peg Hackett Cancienne, Germaine Bautista, Pilar Mendoza, Debbie Rund Caldwell, Bea La Scalla, Eduardo Rabasa und The Cowboy.

ÜBER DEN AUTOR

Don Miguel Ruiz wurde in eine Familie von Heilern hineingeboren. Er wuchs in Mexiko auf dem Land auf. Seine Mutter war eine *curandera* (Heilerin) und sein Großvater ein *nagual* (Schamane). Die Familie erwartete, dass Miguel ihr jahrhundertealtes Erbe des Heilens und Lehrens übernehmen und das esoterische Wissen der Tolteken weitertragen würde. Doch beeindruckt von den Reizen des modernen Lebens, beschloss Miguel, Medizin zu studieren und Chirurg zu werden.

Eine Nahtoderfahrung veränderte sein Leben. Es passierte durch einen Autounfall in den frühen Siebzigerjahren. Während des Fahrens schlief er vor Müdigkeit ein, der Wagen geriet außer Kontrolle und prallte gegen eine Betonwand. Don Miguel erinnert sich, dass er sich außerhalb seines physischen Körpers befand, als er seine beiden Freunde aus dem Wrack zog und in Sicherheit brachte.

Von dieser Erfahrung erschüttert, begann er eine intensive Zeit der Selbsterforschung. Er widmete sich ganz den überlieferten Weisheiten seiner Vorfahren, wobei er zunächst von seiner Mutter unterrichtet wurde und sich dann bei einem mächtigen Schamanen in der mexikanischen Wüste in die Lehre begab. Sein Großvater, der inzwischen verstorben war, unterwies ihn auch weiterhin in seinen Träumen.

In der toltekischen Tradition führt ein *nagual* seine Schüler zur Erlangung persönlicher Freiheit. Don Miguel Ruiz ist ein *nagual* der Eagle-Knight-Linie und sein Leben steht ganz im Dienst der Verbreitung seines Wissens über die Lehren der Tolteken.

Don Miguel Ruiz ist ein Meister der Tradition toltekischer Mysterienschulen. Er gibt seine einzigartige Mischung von Wissen und Weisheit in Seminaren, Vorträgen und geführten Reisen nach Teotihuacan in Mexiko weiter. In dieser alten Stadt der Pyramiden, von den Tolteken als der Ort bezeichnet, »wo der Mensch zu Gott wird«, folgt Don Miguel dem Prozess, den die alten Seher entwickelten, um Suchende durch die aufsteigenden Stufen ihres Bewusstseins zu führen.

Kontaktadressen

Wenn Sie sich für Workshops, Literatur, Fernunterricht und Kraftreisen von Don Miguel Ruiz interessieren, besuchen Sie bitte die Webseite

www.miguelruiz.com

oder wenden Sie sich an:

Sixth Sun Foundation
Journeys of the Spirit
P. O. Box 1846
Carlsbad, CA 92018-1846
USA